JN132080

外あそび用語集

子どもたちの健全な育ちを願って

編著者 **前橋　明**（早稲田大学　教授／医学博士）

執筆者

野村 卓哉、門倉 洋輔、廣瀬　団、佐々木 幸枝、石川 基子、竹田 昌平
照屋 真紀、山梨 みほ、倉上 千恵、対馬 広一、板口 真吾、菊地 貴志

大学教育出版

はじめに

　本書は、外あそびを推進する指導者や研究者、子ども支援に関心のあるすべての皆様に、少しでも役立てていただきたいと願ってまとめた「外あそびの基本用語集」です。外あそびをはじめ、運動指導や健康づくりのあり方を理解するための基本用語を掲載し、わかりやすく解説しています。つまり、外あそびや運動の指導・実践・学習に欠かせない用語をしっかり定義し、共通理解がもてるように心がけてみました。

　もちろん、保育や教育、体育、レクリエーションの指導者だけでなく、興味のある方、ボランティアや学生の皆さんにも役立つように、丁寧に編集しています。内容は、伝統的な用語から最新の用語まで、外あそびに関する基本用語をしっかり掲載し、わかりやすく紹介しています。

　外あそびを理解する上で、関係者が共通理解を図っておく必要がある用語について、しっかり収録していますので、きっと「子どもたちの外あそび」の理解と実践に役立つことと思います。また、外あそびや生活、健康づくりに関するＱ＆Ａも収録しています。

　保育、教育、体育、レクリエーション指導者やリーダー、ボランティアを目指す皆様にも、役立つ本書を、ぜひご一読ください。

2024 年 5 月

早稲田大学　教授・医学博士

国際幼児体育学会　会長

子どもの健全な成長のための外あそびを推進する会　代表　前橋　明

外あそび用語集
―― 子どもたちの健全な育ちを願って ――

目 次

はじめに ……………………………………………………………………………… *i*

幼児期からの健康づくりや運動のあり方を考える………………… *1*

幼児期からの健康づくり　*2*

1. 子ども一人ひとりによって、運動量に差があると思うが、その子にあった運動量を見るには、どのような点に着目すればよいか。　*2*

2. 昼食について、食べる量や食べるものの内容は、生活リズムを整える上で、どれほど影響があるものなのか。　*3*

3. 朝、排便をしない子どもが増えていると感じている。生活リズムの乱れにつながるのか、何か対策は？　*3*

4. 午睡の時間帯・時間は、どのぐらいがよいのか？　午睡の役割は？　*3*

5. 睡眠の重要性を、保護者に伝えるために大切なことや、優先して伝えた方がよい内容　*4*

6. 幼児期のうちに、身につけておくとよい力や動作、保育者や保護者と子どもが気軽にできる運動あそび、また、小学校や中学校に進む中で、大切にしたらよい運動　*4*

7. 体力を向上させるために、すべきこと　*6*

8. 自律神経の働きが弱まると、どのようなことが起こるのか。　*6*

9. 保育者や保護者が、知っておくとためになる幼児期の運動の種類を、教えてください。　*6*

10. 楽しく「親子体操」をするには、どういったことを心がければよいのでしょうか。　*7*

11. 幼児の運動の指導場面で、子どもと接する際に意識されていること、ポイントについて　*8*

運動指導の流れ　*9*

(1) 運動の形式にとらわれすぎないこと　*11*

(2) 運動に熱中できる活動を工夫すること　*11*

(3) 友だちとの交流がもてるよう、活動を工夫すること　*11*

(4) 動機づけや賞賛のことばかけ、技術面における的確なアドバイスを工夫すること　*12*

凡　　例………………………………………………………… *13*

外あそび用語集……………………………………………… *14*

健康づくり Q & A………………………………………… *111*

おわりに……………………………………………………… *200*

索　　引……………………………………………………… *201*

執筆者一覧…………………………………………………… *209*

幼児期からの健康づくりや運動のあり方を考える

　1975（昭和50）年頃から2019（令和元）年末まで概観すると、私たちの社会では夜型化が進み、子どもたちの中には、遅寝、遅起きで、朝食をしっかり食べずに、朝の排便もないまま、登園している幼児も目立ってきました。働く母親の増加や、保護者の勤務時間が延長されることも一因となり、子どもたちの生活のリズムにくるいが生じてきました。

　早稲田大学前橋研究室の研究から、幼児の夜型化の誘因になっているものは、①日中の運動不足、②テレビ・ビデオ視聴の長さ、③夕食開始時刻の遅れということが、わかりました。その後、2020年から、新型コロナウイルスの感染拡大に伴う外出自粛や運動規制が加わり、子どもたちは、ますます外に出て動かなくなりました。

　その結果、外あそびは激減し、室内でのテレビ・ビデオ視聴だけでなく、動画視聴、いわゆるスマートフォンやインターネット等を使っての静的な活動や目を酷使する活動が増えてきました。その結果、体力低下だけでなく、視力低下の子どもたちが増え、また、運動不足・食（おやつ）の不規則摂取による肥満や、逆に、食の細いやせ傾向など、普通体型の子どもたちが激減する結果になりました。

　近視は遺伝的な要素が考えられがちですが、両親が近視でも、1日2時間以上、外でしっかり遊んでいる子どもは近視になる確率が低く、両親が近視でなくても、外で遊ばない子どもは近視になりやすい、といったデータも出ています。よって、外あそびの時間が、近視の発症の抑制に、非常に大事と考えています。では具体的に、外あそびの何が、近視の抑制に有効なのでしょうか。外あそびの様々な要素のうち、目には「光環境」が影響することがわかっています。その中でも、光の波長、紫外線より少し長い紫色の光である「ウルトラバ

イオレット」の近視抑制効果が着目されています。

　また、戸外で、遠くと近くを交互に見ることで、毛様体筋の動きが活発化し、目の血液循環と新陳代謝に有効です。この適切な光環境は近視の進行を抑制するため、屋外での活動を促進することが、目の保護に役立ちます。外あそびが30分以上、さらに、夕食後や夜に外出しない幼児の裸眼視力の異常発生率は、低く保たれます。

　生活習慣との関連では、睡眠時間が短いほど、近視になりやすいです。睡眠中に眼球の筋肉がリラックスし、目の疲れが軽減することで、近視の進行が抑制されるからです。また、睡眠不足が体内のホルモンバランスを崩すことで、眼内圧が不安定になり、長期的に視力にネガティブな影響を与えます。十分な睡眠は、眼球の筋肉を休ませることにつながり、近視の予防と治療に有効です。

　家の中で過ごさざるを得ない生活が続くと、親も子どもも、ストレスがたまります。制限された環境で、十分からだを動かせていないと、体力も落ちてきます。外出自粛が緩和され、戸外に出られるようになった今こそ、安全に、外あそびを実際に経験させてあげたいものです。

幼児期からの健康づくり

1.　子ども一人ひとりによって、運動量に差があると思うが、その子にあった運動量を見るには、どのような点に着目すればよいか。

　まず第一に、子どもといっしょに遊ぶこと、動くことを心がけることが大切です。子どもの運動量は、移動距離や振動数（歩数計測）で把握することができます。

　子どもの様子では、**心臓ドキドキ、肺臓スースー・ハーハー**、汗をかいているかどうかがチェックのポイントです。

　また、一晩寝たら、前日に生じた疲労は翌朝には回復しているくらいの運動量が、前日の運動量として適していたかどうかを判断する基準になります。

2. 昼食について、食べる量や食べるものの内容は、生活リズムを整える上で、どれほど影響があるものなのか。

　生活リズムづくりは、健康を支える土台になります。その土台は、栄養（食事）、運動（あそび）、休養（睡眠）の３つの習慣と、そのリズムから成り立っています。それらの確保のバランスが大切です。食事、いわゆる栄養は、それらの３つの中の１つということで、極めて重要です。

　また、食を見つめてみても、幼児期は、３回の食事と２回ほどの間食で１日の食を支えているので、昼食は、健康を支える大きな位置を占めていることになります。よって、大きな影響をもたらします。とくに、体温リズムのゴールデンタイムである午後の活動（あそび）のための栄養補給ですので、極めて重要です。

3. 朝、排便をしない子どもが増えていると感じている。生活リズムの乱れにつながるのか、何か対策は？

　排便が行われるためには、食事の量と質、適度な水分摂取、朝のトイレに行く時間的ゆとり、トイレに入って座る習慣づけ、日頃の運動が重要です。これら生活習慣とその生活リズムの乱れが、不定期な排便や便秘という不調にもつながっていくでしょう。

4. 午睡の時間帯・時間は、どのぐらいがよいのか？　午睡の役割は？

　午後12時半から午後３時前くらいの間でとり、起床は３時を過ぎないようにするのがよいです。

　次に、午睡の必要性、とくに午睡の役割について、お話をします。午前中に遊びこんだ子どもの脳温は高まり、その勢いで大脳はオーバーヒート気味になります。これを防ぐために、脳を休める昼寝（午睡）があるのです。体力がついてくると寝なくても大丈夫になってきますが、まだまだ大脳の働きが弱く、体力レベルの低い低年齢の幼児には、脳温を一時下げて通常の体温リズムに戻す、言い換えれば、脳を休める昼寝（午睡）が必要なのです。

　もし、一律に午睡を排除すると、体力レベルの低い子どもは脳温のコント

ロールができなくなっていきます。夜に早く眠らせるために、午睡をさせないようにすると、計算的には昼間の睡眠がなくなるわけで、夜の早目の就寝が期待されます。しかし、それでは大脳機能が未熟な上に、必要な時間帯に大脳のクールダウン（体温調節）をさせてもらえないわけですから、のちのち子どもの自律神経の機能低下やホルモンの分泌リズムを乱す誘因にもなっていくことが懸念されます。

　したがって、幼児期においては、午前中のあそびで生じた脳温の高まりを、オーバーヒートしないように下げるという働きの「午睡」を大切にしていくことが大切ですし、体力レベルの高まった子どもに対しては、無理に午睡をさせなくてもよいけれども、脳を休憩させる静かな時間「クワイエットタイム」の確保をお勧めします。その結果、ゴールデンタイムにしっかり動けるからだになるわけです。もちろん、ケガの防止にも役立ちます。

5. 睡眠の重要性を、保護者に伝えるために大切なことや、優先して伝えた方がよい内容

　まず、先生の方が睡眠の機能についてよく知ることが、何よりも大切です。子どもたちは、毎日の生活の中でいろいろ見たり聞いたりした事柄を、睡眠中に整理して、確かな記憶として脳内に定着させる働きがあること、つまり、学力との関係のあることを、みんなが理解することが大切です。

　また、睡眠が不足すると、注意集中ができず、いらいらしてキレやすくなったり、じっとしていられず歩き回ったりする状態になることを知ることも大切です。それらのことを、しっかり伝えていってください。

6. 幼児期のうちに、身につけておくとよい力や動作、保育者や保護者と子どもが気軽にできる運動あそび、また、小学校や中学校に進む中で、大切にしたらよい運動

　運動は、体力づくりだけでなく、基礎代謝の向上や体温調節、あるいは脳神経系の働き等、子どもたちが健康を保ち、成長していく上で、重要な役割を担っています。

　幼児から小学生、中学生へと進む中で、発育発達上、それぞれの年代の特徴に適した運動刺激のポイントがあるので、まず、年代別に少し説明しておきます。幼児期は、脳や神経系の発達が著しい時期ですから、そういうところに刺激を与えるような運動をさせてあげることが大切です。例えば、バランス感覚を養うためには、平均台や丸太を渡ったり、片足立ちが効果的ですし、敏捷性をつけるには、すばやい動きで逃げたりする追いかけっこや鬼ごっこ等のあそびが効果的です。

　また、巧緻性（器用さ）や空間認知能力をつけるには、ジャングルジムやトンネルを上手にくぐり抜けるあそびがよいでしょう。とにかく、子どもをしっかり持ち上げられる幼児期に、わが子と関わってしっかり親子体操をするのが一番理にかなっています。

　そして、子どもが幼児期の後半に入って体力がついてくると、朝に遊んだ分の疲れは、昼に昼食を食べたらもう回復します。ですから、午後にもうひと山、運動あそびをしっかりさせて、夜に心地よく疲れて眠れるようなからだにすることが必要です。このように、夜につなぐような運動が重要になる年代です。

　小学校の低学年になると、身のこなしが上手になってくるので、ドッジボールのような運動が適しています。運動する機会をしっかりもたせて、からだづくりや体力づくりに励んでほしい年代です。

　小学校の高学年になったら、だんだん技に磨きがかかる年代ですから、ボールをうまくコントロールして投げたり、受けたりして、ゲーム的な運動ができるようになります。

　中学生になると、内臓を含めて、からだがしっかりできてくるので、持久的な活動ができるようになります。ですから、日中、ちょっと長い時間、運動することで、より強い筋力をつけ、体力を向上させていける時期といえます。

　それから、すべての年齢レベルで、それぞれの能力や体力に応じて、家の手伝い（荷物を持ったり、野菜を運んだり、配膳を手伝ったり）をして、生活の中でも、からだを動かす内容を努めて取り入れていくとよいでしょう。お手伝いは、結構よい運動刺激になります。

7. 体力を向上させるために、すべきこと

　日中、太陽の出ている時間帯にしっかりからだと心を動かして、子どもたちを心地良く疲れさせることが必要です。疲れたというぐらいの運動をすると、筋肉に負荷が加わって、より強い筋力が発揮できて、体力がついてきます。これをトレーニング効果といいます。

　しかし、軽過ぎる運動では疲れません。リフレッシュになった、気分転換になったという程度ではなく、疲労感が得られるぐらいの運動刺激によって、体力はついてきます。ただし、その疲れは、一晩の睡眠で回復することが条件です。それには、睡眠明けの翌朝の子どもの様子を確認することが大切です。

8. 自律神経の働きが弱まると、どのようなことが起こるのか。

　自律神経の働きが弱まると、適応力、抵抗力、順応性が弱まります。オートマチックに、自分のからだを守ることができなくなるわけですから、ひいては、意欲がわかなくなります。

9. 保育者や保護者が、知っておくとためになる幼児期の運動の種類を、教えてください。

　知っておくとためになる、子どもに必要な運動があります。1つ目は、走ったり、跳んだりして移動するタイプの運動です。2つ目は、丸太渡りや平均台渡りのように、バランスを取る運動。3つ目は、キャッチボールのような物を操作する運動。4つ目は、鉄棒や雲梯にぶら下がってグッと頑張るといった、からだを移動せずに行う運動です。

　つまり、移動、平衡、操作、非移動の4つのタイプの運動やあそび環境を意識した運動刺激が子どもたちのからだの成長には必要なのです。鉄棒は得意だけど、移動するのが苦手なら、楽しいあそびの中で、「鬼ごっこやかけっこをしようよ」と誘えば、バランスのとれた動きのスキルを身につけて、運動能力もバランスよく高まっていきます。ぜひ、4つの基本運動スキルを覚えておいてください。

(1) 移動系運動スキル：歩く、走る、這う、跳ぶ、スキップする、泳ぐ等、あ

る場所から他の場所へ動く技術です。

(2) 平衡系運動スキル：バランスをとる、渡る等、姿勢の安定を保つスキルです。

(3) 操作系運動スキル：投げる、蹴る、打つ、取る等、物に働きかけたり、操ったりする動きの技術です。

(4) 非移動系運動スキル（その場での運動スキル）：ぶらさがったり、その場で押したり、引いたりする技術です。

10. 楽しく「親子体操」をするには、どういったことを心がければよいのでしょうか。

　体操は、少しの時間でも問題はありません。道具がなくても大丈夫です。親と子が、お互いの体重を貸し借りし合って行います。いろいろな動きがありますので、その時の子どもの様子をみて、ニーズに合ったものを選んで行えます。

　赤ちゃんや低年齢児と体操を行うときは、安全のために、急に始めるのでなく、言葉をかけてから始めるのがよいでしょう。これから、どっちの方向に動くのか、もち上げられるのか、引っ張られるのか等、心の準備をさせてから動き始めることが大切です。

　また、体操が上手にできたら、しっかりほめて、抱いてあげましょう。具体的な話をしますと、「高い高い」をふだん行ってもらっていない子どもは、「高い高い」をしようとすると、恐がります。恐がったら、親のからだにくっついた状態で行っても構いません。回数を行っているうちに慣れて、次第に離れることができるようになります。無理をさせないでください。

・急に手を引っ張らないでください。構えができていないときに不意に引っ張ると、関節を痛めることがあります。前もって、行う内容を伝えたり、動きの方向を示したりしてから引っ張ると安全です。

・下手でもいいから、「やってみたい」という意欲づくりを大切にしてください。

・就寝前の運動は、体温を上げて眠れなくするので、避けていただいた方がよ

いです。

11. 幼児の運動の指導場面で、子どもと接する際に意識されていること、ポイントについて

　まず、十分な空間を確保し、まわりの人や物に当たらないかを確認して、安全に運動をさせることが大切です。また、安全についての約束事は、始める前に話し合っておきます。なお、子どもの服装が乱れていれば、安全のため、整えてから始めます。子どもの手本となるように、指導者の服装も整えて始めることを、徹底していきましょう。

　そのほか、

・恐がる子どもに対しては、無理にさせるようなことは避け、また、できないことでも頑張って取り組んでいるときは、励ましの言葉をしっかりかけていきます。

・子どもの興味を引く話し方やわかりやすい言葉遣いをすること。また、話すときは、子どもの目を見て話すようにします。

・子どもに動きを見せるときには、わかりやすく、大きく、元気に表現すること。そうすると、子どもに、行ってみようという気持ちがでてきます。

・子どもは、大人の悪い癖も真似ます。見本に示す動きは、しっかりした正しい動きが求められるので、とくに、しっかり伸ばすところは伸ばし、曲げるところは十分に曲げることを大切にしていきましょう。

・笑顔で活動して楽しい雰囲気を作り、子どもたちに「楽しさ」を感じさせます。また、指導者もいっしょになって、心から楽しんで運動したり、遊んだりして、運動のおもしろさや楽しさを共感するように努めます。

・大人のからだの大きさや力強さを、子どもたちに感じさせることも大切にしていきます。

・子どもは、大人の力の強さや頼もしさを実感し、一層信頼して関わってきますが、力の加減をすることも気をつけましょう。

・寒いときは、からだが温まるように簡単な準備運動を行い、あそびの内容は動きの多いものにしていきます。

・課題は、単純なものから複雑なものへ、少しずつ難易度を増すように配慮していますが、時に、課題を難しくして、適度な緊張感をもたせることは、動きに対して集中させたり、新鮮さをもたせたりする点で重要です。

・子どもの工夫した動きや体力づくりにつながるような良い動きを見つけた場合には、その動きをしっかり誉めて、子どもに教育的な優越感を与えていきましょう。

・どうしたら上手にできるかというアドバイスを与えることも重要ですが、時間を与え、子どもたち自身に段階的に解決策を考えさせることも行っていきます。

・子どもがわからないところは、具体的に子どものからだを動かしたり、触ったりして教えて、動きを理解しやすいように配慮します。

・一生懸命にしようとしている子どもに対して、しっかりと対応すること。上手にできている場合や頑張っている場合、工夫している場合は、しっかりと具体的に誉めていきます。そうすると、子どもにやる気が出たり、誉められたことで自信につながったりします。

・身近にある道具や廃材を利用しても、楽しい運動に役立つことを、子どもたちに見せたり、知らせたりします。

・使用する用具や遊具は、大切に扱うこと、使った後は元の場所に片づけることを、子どもたちに伝えていきます。みんなで使う用具や遊具は、ルールを守って、適切に使用することを大切に、取り組んでいきます。

・子どものあそびは模倣から始まりますが、自分以外の身近なものや人、キャラクターに変身する等の楽しさも味わわせるように配慮しましょう。

運動指導の流れ

　幼児の運動やレクリエーション活動の指導は、幼児を計画的、意図的に、より好ましい方向へ導く営みであり、一人ひとりの幼児の能力を最大限に発揮させ、伸長していこうとするものです。そのためには、合理的で、かつ細かな配慮のある指導計画がなくてはなりません。単に、幼児の自由奔放な運動に任

せておけばすむものでもありません。幼児の運動欲求を的確につかみ、その欲
求の充足に筋道をつける計画が必要です。

　そのためにも、指導では、幼児の実態や施設・用具の現状、地域の特性な
どを把握した教材研究を徹底することが大切です。具体的には、その教材研究
の成果を実際の指導の場にどのように生かしていけばよいかを考えながら、指
導計画を立案していくことです。そうして作成した計画に従って、指導を展開
するとともに、展開のしかたや指導内容、幼児の動き、指導経過、結果などを
反省・評価し、今後のより良い実践へとつないでいきます。

指導の流れ

　指導の流れは、一般的には導入、展開、整理の３段階で構成されることが
多いです。

　導入の段階では、幼児の健康チェックと見学者の確認をした上で、指導の
ねらいや内容を幼児に知らせたり、実践を効率的に行うためのグルーピングや
役割分担を行ったりして、活動の見通しを与え、幼児一人ひとりにやる気を起
こさせるようにします。

　展開の段階では、学習内容を活動によって習得させ【展開（1）】、さらに定
着させる【展開（2）】段階で、時間的に最も多くの時間を割り当てます。また、
幼児の多様な動きに対応して、適宜、手直しができるように柔軟な計画としま
す。

　整理の段階では、クラス全体としてだけでなく、個人やグループにも着目
して反省・評価を行うとともに、幼児に学習の成就感を味わわせ、次時や日常
の健康な生活へ向かって運動する意欲を喚起し、学習の成果にまとまりをつけ
ます。

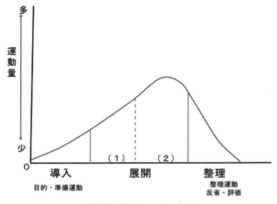

運動指導上の留意事項

(1) 運動の形式にとらわれすぎないこと

　運動スキルや人数による形式、競争やゲームに伴うルールの形式などにとらわれすぎない弾力性のある指導が大切です。どんな条件下でも、幼児自身が工夫して、運動を楽しむことのできる能力を育ててほしいものです。

(2) 運動に熱中できる活動を工夫すること

　運動スキルは、幼児が運動に熱中し反復練習をすれば、動きは自然に身につき、獲得されていくことにつながるので、幼児一人ひとりが熱中できるための活動内容や活動方法の工夫が大切となります。

(3) 友だちとの交流がもてるよう、活動を工夫すること

　指導では、一人ひとりの運動への自律能力を高めることをねらうだけでなく、誰とでも仲よく、いっしょに楽しみながら活動できる社会性の育成も大切です。その社会性の育成のためには、友だちとの交流活動を質的に深めることによって培われるものですから、今後とも、相互交流のできる活動を導入したり、相互交流の深め方を工夫したりすることが大切です。

（4）動機づけや賞賛のことばかけ、技術面における的確なアドバイスを工夫すること

　運動に対し消極的な幼児を積極的に取り組む幼児に、運動の嫌いな幼児を好きな幼児に、友だちとのかかわりがもてない幼児をいっしょに仲よく友だちと関わって活動できる幼児へ成長させるために、機会あるごとに、心に残る的確な指導やアドバイス、賞賛を送ることができるならば、幼児の運動を実践する喜びをいっそう高めることができます。

（前橋　明）

【文献】

前橋　明：幼児体育の魅力 ― 運動、心動、感動、そして生活化を図る ― ．大学教育出版，2023.

凡　例

配列

①　項目は、五十音順で配列した。

②　外国語項目は、カタカナ表記で配列した。

③　促音・拗音は一字と見なした。また、長音は母音と見なした。

　　例：シーソー（しいそう）

項目

①　用語には、英語表記を併記した。

②　遊具・環境などに関する項目には、図版、写真を挿入した。

③　執筆者名は、末項に（　　）で囲んで示した。

索引

①　索引は、すべての用語を五十音順に並べ、総目次としての意味をもつように作成した。

文献

①　用語について、引用したり、さらに理解を深める手助けとなる書籍を、執筆者が選定し、文献として掲げた。

　　例：【前橋　明：元気な子どもを育てる幼児体育，保育出版社，2015.】

　　例：【スポーツ六法編集委員会編：スポーツ六法，道和書院，pp.115-117，2003.】

②　引用文献には、著者・編者名：タイトル，出版社，ページ，出版年．を明記した。

外あそび用語集

早稲田大学 教授・医学博士

前橋　明

　外あそびを通して得た感動体験は、子どもの内面の成長につながり、自ら考え、自ら学ぶ自立的な子どもを育んでいきます。便利な現代生活の中で、育ちの旺盛な幼児・児童期に、外でからだを使う機会がなくなると、子どもたちは十分な発達を遂げることができません。今こそ、みんなが協力し合って、この状況を変えることが必要です。

　まず、国の指導者層を含め、すべての大人たちが、子どもの外あそびを大切にしようとする共通認識をもつことが重要です。外あそび体験からの感動や安らぎを得た経験をもつ子どもたちこそ、自身の成長だけでなく、日本のすばらしさや大切さを感じる大人になっていくことができるのです。子どもは、国の宝であり、未来です。今こそ、このタイミングを逃さず、みんなで勉強をして、動くときです。

■ あ ■

■アーバンスポーツ（urban sports）

　速さや高さを極限まで追求し、華麗な離れ業を競い合う「エクストリームスポーツ」の一種で、日々暮らしている「都市」を舞台に繰り広げられるスポーツ。順位や記録を争うものではなく、自らが楽しみ仲間や観る人たちも一体となって楽しむことを目的としたスポーツ。音楽やファッション、アート等、ストリートカルチャーと密接に結びついている。近年、オリンピック種目に採用されることもあり、注目を集めている。2020年の東京大会ではスケートボードのストリートとパークが、2024年のパリ大会では、ブレイキン（ブレイク

ダンス）が正式となった。アーバンスポーツの代表的な競技は、スケートボード、BMX、パルクール、ダブルダッチ、ブレイキン、ボルダリング、スポーツクライミング、インラインスケート、スラックライン、3×3（3人制バスケットボール）等である。　　　　　　　　　　　　　　　　　　（石川基子）

■愛着（attachment）

特定の人物との間に築かれる愛情や絆、信頼関係、心理的な結びつきのこと。主に子どもと養育者（母親・保育者など）との関係においての、心理行動的な傾向を指す。愛着に基づいた行動に関する理論は、イギリスの精神科医・精神分析家であるジョン・ボウルビィ（Bowlby, 1907-1990年）によって確立された。　　　　　　　　　　　　　　　　　　　　　　　　　　　（照屋真紀）

■空き地（vacant lot）

建物の建っていない土地や利用されていない土地のこと。ときに、建物のない広々としたエリアでは、子どもたちが自由に走り回ったり、アイデアを広げたりしたあそび場ともなった。　　　　　　　　　　　　　　　　　（野村卓哉）

■アスファルト（asphalt）

炭化水素を主成分とする黒色で、粘着性のある物質のこと。車や自転車がスムーズに走るために道路の舗装に使われている。　　　　　　　（野村卓哉）

■汗（sweat）

汗とは、哺乳類が皮膚の汗線から分泌する液体で、約99％が水である。人間において、汗は、体温調節の手段でもある。幼児の平熱は、大人よりやや高く、また、単位面積あたりの汗腺の数が多いので、汗をよくかく。そのため、肌着は、吸水性や通気性のよいものを着るように指導するとよい。また、運動後に汗が冷えると身体を冷やすので、運動時にはタオルとともに、肌着の着替えを持参するように指導するとよい。　　　　　　　　　　　　　（前橋　明）

■あそび（play）

自由の感覚を喜び、楽しむ活動や経験で、この活動を通して、自分が自由な存在であり、すべては自律性をもった存在であることを確認しながら、様々な自分の能力を開発し、高めていくことのできる活動である。あそびは、創意工夫する能力や応用力、自発性や積極性を育てる。自然の中でのあそびは、生

き物や植物の生命の不思議さを知り、土や水、風に身をさらすことによって、感性も豊かになっていく。友だちや自然との交わりの中でたっぷり遊んだあとは、食事がおいしくなり、熟睡できる。あそびは、心身ともに健康に育つための「ビタミン」である。ちなみに、運動あそびとは、大筋肉活動を中心とした運動量のあるあそびで、その動きによって心拍数が高まり、血液循環や新陳代謝がよくなる効用がある。また、体育あそびとは、教育的目標の達成のため、社会的な面や精神的な面、知的な面を考慮に入れた体育教育的営みのある運動あそびのことである。　　　　　　　　　　　　　　　　　　　　（前橋　明）

■安全能力（safety capability）

　生命を守る技術のこと。外あそびで、からだを動かして体力や運動技能を身につけることは、生命を守る技術を習得していることであり、自己の安全能力の向上に役立つ。バランスをとりながら移動したり、バランスを崩しても、手が前に出て保護動作が出たり、顎を引いて頭を守ったり、全身の筋力で踏ん張って姿勢を維持させようと努力したりできるようになっていく。また、ルールや指示に従う能力が育成されてくることによって、事故防止にもつながる。

（前橋　明）

■ い ■

■石投げ（stone skipping）

　石を投げるあそび。特定の目標を目指して石を投げるもの、どれだけ遠くに投げられるかチャレンジするもの、石を水面に跳ねさせる「水切り」等がある。特別な道具は必要なく、石と開放的な空間があれば誰でも楽しむことができるが、他人や物に危害を加えないよう注意が必要である。　　（竹田昌平）

■石拾い（stone picking）

　自然とふれ合いながら、様々な色や形、大きさの違う石を拾うあそびや活動。　　　　　　　　　　　　　　　　　　　　　　　　　　　　（竹田昌平）

■一輪車（unicycle）

　一つの車輪だけで構成された乗り物で、ペダルをこいで前進する。バランス感覚と調整力、集中力を必要とするあそび。　　　　　　　　　　（竹田昌平）

■異年齢交流（inter-age exchange）

年齢の異なる子ども同士や、子どもたちと地域の大人たち等が交流すること。子どもたちにとっては貴重な体験ができたり、社会性や協調性といった生きるために大切な力を身につけるきっかけになったりする。　　　　（板口真吾）

■意欲（willingness, will, volition, desire）

様々な行動や活動の基になる積極的に何かをしてみようとする気持ち。また、挑戦や新たなものごとへの原動力になる感情。

保育所保育指針の中には、保育計画における5領域（健康・人間関係・環境・言葉・表現）のねらいとして、「意欲」については、［健康］自分のからだを十分に動かし、進んで運動しようとする。［人間関係］身近な人と親しみ、関わりを深め、工夫したり、協力したりしていっしょに活動する楽しさを味わい、愛情や信頼感をもつ。［環境］身近な環境に自分から関わり、発見を楽しんだり、考えたりし、それを生活に取り入れようとする。［言葉］人の言葉や話などをよく聞き、自分の経験したことや考えたことを話し、伝え合う喜びを味わう。［表現］感じたことや考えたこと等を自分なりに表現して楽しむ、とある。

近年よく言われるようになった「子どもの主体的な活動」には、欠かせない感情のこと。　　　　（佐々木幸枝）

【出典】厚生労働省編：保育所保育指針解説，フレーベル館，2018.

■医療的ケア児（children in medical care）

日常生活および社会生活を営むために、恒常的な医療的ケアが必要な児童のこと。具体的には、人工呼吸器による呼吸管理、喀痰吸引気管切開の管理、酸素療法、経管栄養、中心静脈カテーテルの管理など、その他の医療行為を受けることが不可欠である児童のこと。医療的ケア児の疾患によっては、外あそびも十分できる幼児もいるので、医師の指示にしたがい、呼吸の状態や医療装着器具が適切に装着されているか等、乳幼児の様子に十分気をつけて外あそびをする必要がある。　　　　（山梨みほ）

【厚生労働省：医療的ケア児，https://www.mhlw.go.jp/stf/seisakunitsuite/bunya/hukushi.】

■色鬼（Color Tag）

　鬼が色を指定し、その色に触っている間は捕まらない。鬼は、子が色を探している間に捕まえる。色を探している間にタッチされた場合、鬼を交代する。
　　　　　　　　　　　　　　　　　　　　　　　　　　　　　（菊地貴志）

■いろはにこんぺいとう（irohani konpeito：rope game）

　2人で向き合って両手に縄を持ち、「いろはに・こんぺいとう」と歌いながら、いろいろな形を作るあそび。他の子は後ろを向いて待ち、【くぐる・跳ぶ・またぐ】等の動作を決めたら宣言し、その動作で、縄を越えていく。縄に触れたら持ち役を交代する。
　　　　　　　　　　　　　　　　　　　　　　　　　　　　　（倉上千恵）

■インクルーシブ（inclusive）

　障害がある人もない人も、年齢や性別、民族などの違いを超えて、誰もが平等に受け入れられる社会を目指す考え方。
　　　　　　　　　　　　　　　　　　　　　　　　　　　　　（竹田昌平）

■ う ■

■馬とび（leapfrog, horse jumping）

　一人が上体を前にかがめて、両手で自らの両足首、あるいは膝を掴んで支持し、もう一人がそれを開脚しながら跳び越える運動あそび。「蛙跳び（かえるとび、かわずとび）」ともいい、リレー方式で行われることも多い。

　　　　　　　　　　　　　　　　　　　　　　　　　　　（前橋　明）

■うんてい（monkey bars）

　雲梯（うんてい）とは、長いはしごのこと（中国で、城を攻めるときに用いた長いはしご）。金属管製のはしごの両端に支柱を立てて水平に支えた遊具。支柱のない円弧状のものもあり、「くもばしご」とも呼ばれている。（前橋　明）

■運動あそび（motor play）

　からだを使ったあそびのこと。ボールあそびや鬼ごっこ、縄跳び、ブランコや鉄棒などの遊具を使ったあそび等がある。
　　　　　　　　　　　　　　　　　　　　　　　　　　　　　（板口真吾）

■運動学習適時性（timing of motor learning）

　運動の学習において、効率よく学習できる適した時期のこと。

　幼児期から10歳頃までは、平衡性や敏捷性、巧緻性などの調整力の獲得に

適時性があるといえる。小学校4年生位までは様々な身のこなしの習得、高学年は動きの洗練から、次第に持久的運動へ進めるとよい。中学校期には、からだの発育に身のこなしを適応させることと、持久的能力を高めること。そして、高等学校期では、持久的運動と並行して、筋力を高めていくような発達的特徴に対応した運動が必要となろう。　　　　　　　　　　　　　（前橋　明）

■運動感覚（kinesthetic sense）

自分のからだの各部が、どんな運動をしているかを認知できる感覚のこと。

機能の悪さは、子どもがひとりで生活できる能力やあそびを楽しむ能力を奪ったり、抑制したりする。そこで、正常で、効率的な活動パターンを外あそびの実践の中で学んでいくことによって、子どもたちは能力に見合う要求を満たすことができるようになる。　　　　　　　　　　　　　（前橋　明）

■運動着（sports clothes, sportswear）

運動やスポーツをするときに着用する服で、広く体操服とも呼ばれている。身体のサイズに合った動きやすいもの、伸縮性や吸湿透湿性に富んだものが使いやすい。　　　　　　　　　　　　　　　　　　　　　　　（前橋　明）

■運動靴（sports shoes, sneakers）

運動やスポーツ、作業などをするときに、安全に、かつ、効率よく動けるように考案された靴で、足の長さや幅に合ったものがおすすめである。足より小さくてきついサイズや、逆に大きすぎて動きにくい靴は、足のためにはよくない。　　　　　　　　　　　　　　　　　　　　　　　　（前橋　明）

■運動公園（sports park）

都市基幹公園の1つで、主に都市住民全般の運動の用に供することを目的とする公園で、都市規模に応じ1箇所当たり面積 15 〜 75 ha を標準として配置されている。主に運動の場を提供することを目的として設置されている。

（廣瀬　団）

■運動効果（effect of the exercise）

適度な運動実践は、身体的発育を促進する。すなわち、運動は、生体内の代謝を高め、血液循環を促進し、その結果として、心臓や肺臓、消化器などの内臓の働きがよくなるだけでなく、骨や筋肉の発育を助長していく。筋肉は、

運動によって徐々にその太さを増し、それに比例して力も強くなる。逆に、筋肉を使わないと、廃用性萎縮といって、筋肉が細くなり、力も弱くなる。また、運動をくり返すことによって、外界に対する適応力が身につき、皮膚も鍛えられ、寒さに強く、カゼをひきにくい体質づくりにもつながる。そして、寒さや暑さに対する抵抗力を高め、からだの適応能力を向上させ、健康づくりにも大いに役立つ。 （前橋　明）

■運動場（sports ground）

運動やスポーツ、体育、外あそび等をするために設けられた広場。走りまわったり、ボールあそびをしたり、鬼ごっこ等をすることができる。土や芝などの環境がある。 （竹田昌平）

■運動スキル（movement skills）

からだが目的にかなった動きをするように、身体諸機能を随意的に調整する能力。からだも心も発達する幼児期・児童期には、「移動系運動スキル」「平衡系運動スキル」「操作系運動スキル」「非移動系運動スキル」の4つの基本的な運動スキルをバランスよく鍛えるとよい。 （板口真吾）

■運動能力（motor ability）

運動能力とは、全身の機能、とくに神経・感覚機能と筋機能の総合構成した能力である。また、基礎的運動能力として、走力や跳力の伸びがはやくからみられ、とくに3歳〜5歳では顕著である。中でも、走る運動は全身運動であるため、筋力や心肺機能（循環機能）の発達と関係が深く、跳躍運動は瞬発的に大きな脚の筋力によって行われる運動であるから、その跳躍距離の長短は腕の振りと脚の伸展の協応力とも関係が深い。跳躍距離に関しては、6歳児になると、脚の筋力の発達と協応動作の発達により、3歳児の2倍近くの距離を跳べるようになる。投げる運動では、大きな腕の力や手首の力があっても、手からボールを離すタイミングを誤ると、距離は伸びない。とくに、オーバースローによる距離投げの場合は、脚から手首まで、力を順に伝達し、その力をボールにかけるようにする必要がある。オーバースローによるボール投げは、4歳半以後からは、男児の方の発達が女児に比べて大きくなる。懸垂運動は、筋の持久性はもとより、運動を続けようという意志力にも影響を受ける。

（前橋　明）

■運動の役割（role of the movement experience）

　運動は、幼児のからだに発育刺激を与えることができるとともに、協応性や平衡性、柔軟性、敏捷性、リズム、スピード、筋力、持久力、瞬発力などの調和のとれた体力を養い、空間での方位性や左右性をも確立していくことができる。つまり、運動は、からだのバランスと安定性の向上を図り、からだの各運動相互の協調を増し、全体的・部分的な種々の協応動作の統制を図ることができる。そして、からだの均整が保たれ、筋肉の協同運動が合理的に行われるようになると、運動の正確さやスピードも高められ、無益なエネルギーの消費を行わないようになる。このように、基礎的運動能力を身につけ、エネルギー節約の方法を習得できるようになる。　　　　　　　　　　（前橋　明）

■運動不足（lack of exercise）

　健康を維持するために必要な運動量の不足をいい、その原因として、①子ども人口の減少、②自動車の普及、③家事労働の減少、④室内娯楽の普及、⑤冷暖房の普及、⑥受験戦争の激化、⑦子どもに対する犯罪の増加などがある。その結果、子どもたちから運動量（大筋肉活動）を極端に減少させ、運動不足病として、肥満や体力の低下を引き起こした。運動不足は、ストレスの増大、精神・心理的不調など、心の働きにも大きな影響をもたらしている。

（前橋　明）

■海（sea）

　塩水をためている広大な水域のこと。波の音や磯の生き物を観察したり、砂浜で遊んだりできる。　　　　　　　　　　　　　　　　（野村卓哉）

■ え ■

■STマーク（Safety Toy mark）

　STマークは、「Safety Toy（安全な玩具）」の略で、おもちゃが一定の安全基準を満たしていることを示すマークである。このマークが付いているおもちゃは、第三者検査機関によって機械的安全性、可燃安全性、化学的安全性の検査が行われ、安全基準適合検査に合格しているものである。また、STマー

ク付きのおもちゃは、万が一事故が起こった場合に備えた賠償責任補償が付いている。 （廣瀬　団）

■ST基準（Safety Toy standard）

　ST基準とは、日本玩具協会が策定した「玩具安全基準」のことで、おもちゃが子どもたちにとって安全であることを保証するための基準である。この基準は、機械的安全性（おもちゃの形状や強度に関する検査）、可燃安全性（燃えやすい材料が使われていないかの検査）、化学的安全性（おもちゃの材料に有害な物質が使われていないかの検査）の3つの観点から構成されており、ST基準を満たすことで、おもちゃが安全であることを示すSTマークを表示することができる。 （廣瀬　団）

■S陣（S position）

　みんなで地面に大きなSの字を書く。そして、ジャンケンをして、2組に分かれる。それぞれの陣地の中にある宝物に早くタッチした組が勝ちとなる。「出陣！」と大きな声でさけびながら出入り口から出て、相手の陣地に攻め込むあそび。 （前橋　明）

■SPLマーク（Safety Product Liberty mark）

　SPLマークは、遊具以外の「ベンチ」「パーゴラ」「公園案内サイン」等の一般設備の安全を証明するマークである。これらのマークは、公園利用者が安心して設備を使用できるようにするためのもので、対象年齢や使用上の注意を示したシールも、あわせて貼られていることが多い。 （廣瀬　団）

■SPマーク（Safety Product mark）

　公園の遊具についているSPマークは、1998年に日本公園施設業協会によって遊具の安全性を示すために設けられた検査マークである。SPマークは、「設計」「製造」「設置」の各工程において安全基準を定め、すべての審査で合格した遊具だけが検査マークを表示できるような仕組みになっている。そのため、SPマークが表示されている遊具で事故が起きた場合には、事故に対しての賠償が認められている。 （廣瀬　団）

■エミール（Emile）

「エミール」（原題：Émile, ou De l'éducation）は、18世紀フランスの哲学者・啓蒙思想家であるジャン＝ジャック・ルソーによって、1762年に発表された著作である。「エミール」には、ルソーが提唱する自然主義的な教育理論が記されている。本書は、架空の人物エミールの成長を通じて、個人の自由な発達と幸福を追求する教育のあり方を論じている。

主人公であるエミールは、自然の摂理に従って自由に育てられ、自己の能力や興味に基づいて学ぶ。ルソーは、教育は社会や制度からの干渉を最小限に抑え、個々の自然な発達を尊重するべきだと主張した。また、「エミール」における教育は、体験や実践を通じて行われるべきとして、抽象的な知識よりも実践的なスキルや道徳的な価値観が重視されている。

「エミール」の中で、「自然を見よ、そして自然の教えたる道に従ってゆけ。自然は絶えず子どもを鍛える[1]」とあるが、本書の内容を象徴する一節であろう。　　　　　　　　　　　　　　　　　　　　　　　　　　　　　　（門倉洋輔）

【1】梅根　悟：ルソー「エミール」入門．明治図書出版，p.36，1971．

■園庭（playground）

幼稚園や保育園などの施設に備えられていて、施設利用者の子どもたちが安全に戸外あそびができる広場（運動場）である。面積については、各施設を管轄する省庁により、児童一人当たりの基準面積が定められている。保育所では、2023（令和5）年7月時点、近年では園舎の屋上に設けられていることもある。また、それらには子どもたちが自由にそれぞれ個々の興味や関心をもったあそびや活動が満喫できるよう、四季折々が感じられる自然に近い環境や、異年齢児が集団生活をする施設ならではの滑り台や総合遊具などの大型遊具、砂場などの設置が望ましいとされている。乳幼児がいつでも安心して使用できるように、地面の硬さ、砂場の衛生に、日々、配慮することはもとより、死角になる場所や害虫の駆除、不要な水たまり・樹木や草花の管理も随時行い、安全面に配慮する必要があるとされる。施設によっては、地域の親子に園庭を利用できる機会として、園庭開放を行っている園も多い。　　　　　　　（佐々木幸枝）

■園庭開放（open playground）

　園が提供する庭やあそび場である。子どもたちが安心して楽しめる場所である。　　　　　　　　　　　　　　　　　　　　　　（野村卓哉）

■　お　■

■応急処置（first-aid treatment）

　運動中にケガをし、倒れた場合、医師の診療を受けるまでの間に行われる応急手当のことであり、処置が適正であれば、生命を救うことができ、疼痛や障害の程度を軽減し、その後の回復や治癒を早めることもできる。子どもの状態の変化は早いので、急激に悪化しやすいが、回復も早い。

　具体的には、①観察する。子どもをよく観察し、話しかけ、触れてみて、局所だけでなく、全身状態を観察する。②生命の危険な兆候を捉える。心臓停止（脈が触れない）、呼吸停止（胸やお腹が動かない、または、口のそばに手を当てても暖かい息を感じない）、大出血、誤嚥（気管になにかを詰まらせる）のときは、生命の危険を伴うので、救急車を呼ぶと同時に、直ちに救命処置を行う。③子どもを安心させる。幼児は、苦痛や処置に対する恐怖心を抱き、精神状態が不安定になりやすいので、指導者は、幼児本人にも、まわりの子どもに対しても、あわてないで落ち着いた態度で対応し、信頼感を得るようにする。子どもの目線と同じ高さで、わかりやすく優しい言葉で話しかけて安心させる。④適切な体位をとらせて、保温に努める。状態や傷に応じて、良い姿勢を保つようにする。保温に努めて、体力を低下させないようにする。

　　　　　　　　　　　　　　　　　　　　　　　　　　（前橋　明）

■王様（女王様）ジャンケンあそび（king and queen rock-paper-scissors game）

　王様（女王様）を決め、指定の位置に立ち、王様（女王様）以外の子は、スタート位置に立つ。王様（女王様）以外の子は、王様（女王様）のところまで走り、王様（女王様）とジャンケンをし、ジャンケンに勝ったら、王様（女王様）になり、指定の位置に立つ。負けた子は、スタート位置へ一度行ってから、再び王様（女王様）のところへ走って行き、ジャンケンをし、くり返して遊ぶ。

（野村卓哉）

■**大波小波**（Big wave Small wave ／ Onami Konami）

　長縄を使った運動あそびの1つ。「♪お〜な〜み〜、こ〜な〜み〜で〜♪ぐ
るっと回って、にゃんこの目」と、歌に合わせて長縄を跳んで遊ぶ。

（板口真吾）

■**大縄とび**（long jump rope）

　約6から8mの長縄を使用し、複数の子が協力して、縄を跳ぶあそび。2人
が縄の両端をそれぞれ持って、揺らしたり、回したりして、他の子がその縄を
跳ぶ。大縄とびには様々なあそびがあり、一斉に跳ぶものや8の字に1人ず
つ入れ替わりに跳ぶものから、「ゆうびんやさんの落とし物」のような歌に合
わせて跳ぶあそび方もある。

（廣瀬　団）

■**遅寝遅起きの体温リズム**（temperature rhythm of late to bed and late to
　　rise）

　生活が遅寝・遅起きで夜型化している子どもの体温リズムは、普通の体温
リズムから数時間後ろへずれ込んでいる。朝は、本来なら眠っているときの体
温で起こされて活動を開始しなければならないため、からだが目覚めず、体温
は低く、動きは鈍くなっている。逆に、夜になっても、体温が高いため、なか
なか寝つけないという悪循環になっている。このズレた体温リズムをもとにも
どす有効な方法例は、①朝、太陽の陽光を浴びることと、②日中にしっかり運
動をすることである。

（前橋　明）

■**鬼あそび**（tag play）

　鬼は、もともと邪魔なもの、災難などを意味するものであり、鬼あそびは、
その邪魔なものから逃げるという発想に由来している。鬼あそびは、鬼になる
子もその他の子も、みんなで走ることを主体としたあそびなので、急に走った
り止まったり、敏捷にからだをかわしたりする等、走力やからだの操作技能、
あるいは、直感的な判断力や敏捷性が養われる。さらに、鬼と自分との距離感
や逃げる方向や方法を見極める能力、そして、速度感も養うことができる。鬼
あそびの種類は非常に多く、ルールも簡単なものから複雑なものまであり、子
どもたちの発達段階に応じて古くから親しまれてきた。また、場所が変われ

ば、同じ形式のものであっても、ルールや呼び名が違うものもある。形態としては、鬼と子の役割の変化・交代の状態によって、①1人鬼型、②増やし鬼型、③ため鬼型、④助け鬼型と、大きく4つの型に分けることができる。

（前橋　明）

■鬼ごっこ（tag）

　子どもの鬼あそびの一つ。参加した子どもたちの中から、鬼を一人決め、それ以外は子となり、決められたあそび場の中で逃げ、鬼が子を捕まえれば、鬼役を交代し、あそびが続くという形式のあそび。　　　　　（前橋　明）

■おむつ替え台（diaper change table）

　乳児のおむつ交換や着替えを行うための台であり、一般的に、おむつ替え台には、乳児を横たえるためのフラットな台と、乳児を動きにくくするためのベルトが装備されている。生後1ヶ月から24ヶ月までの乳児が対象である。

（廣瀬　団）

■親子ふれあい体操（parent-child interaction exercise）

　親と子がコミュニケーションをとりながら、お互いの体重を貸し借りして行う体操のこと。特別な道具やスペースを必要とせず、少しの時間さえあれば、いつでもどこでも簡単に取り組め、子どもたちと保護者の体力づくりや運動不足の解消に役立てることができるとともに、親子がふれあうことによって、心身の健康づくりにも生かすことができる運動である。　　（野村卓哉）

■オリエンテーリング（orienteering）

　地図とコンパスを用いて特定の地点を効率よく探し出すあそび。計画性や判断力、体力を養うとともに、自然の中での冒険を楽しむことができる。

（竹田昌平）

■ か ■

■ガーデニング（gardening）

　植物を育てる活動であり、自然とのつながりを感じさせる。忍耐力や創造力を養い、生態系への理解を深めることができる。　　　　　（竹田昌平）

■街区公園（block park）

　都市公園の種類に、住区基幹公園（街区公園・近隣公園・地区公園）があり、そのなかの街区公園は、9 割を占めている。街区公園は、住区に居住する者の利用を目的に、誘致距離 250 m の範囲内で 1 箇所あたりの面積を 0.25 ha（50 m × 50 m）を標準として配置されている。　　　　　　　　　　　（前橋　明）

■海水浴（sea bathing）

　海で泳いだり、砂浜で遊んだり、日光浴などができる。また、海の中では、魚や貝などの生物をみることができるが、あわびやさざえ等、捕ることが禁止されている生物がある。　　　　　　　　　　　　　　　　　　　　　（竹田昌平）

■階段ジャンケンあそび（playing rock-paper-scissors on the stairs）

　高低差のある場所への移動を行うための階段を利用して行うジャンケンあそび。ジャンケンで勝った数だけ、階段を上がり、早く降りてきた方の勝ちというあそび。　　　　　　　　　　　　　　　　　　　　　　　　　（前橋　明）

■回転ジャングルジム（rotation jungle gym）

　ジャングルジムの一種で、球体状のジャングルジムの支柱を軸に回転する固定遊具です。子どもたちは、回転するジャングルジムに座ったり、ぶらさがったりしながら、バランス感覚やつかまる筋力を身につけることができる。回転ジャングルジムを回転させるときには、足が巻き込まれないようにし、また、乗り降りするときは、挟み込まれる恐れがあるので、回転させないようにすることが必要である。　　　　　　　　　　　　　　　　　　　（廣瀬　団）

■カウプ指数（Kaup index）

　体重（g）を身長（cm）の二乗で割って 10 をかけたもので、体重と身長のバランスから乳幼児の体格をみる指数である。発育状態の「普通」は、乳児（3 カ月以降）では 16 〜 18、満 1 歳で 15.5 〜 17.5、満 1 歳 6 カ月で 15 〜 17、満 2 歳で 15 〜 16.5、満 3 歳、4 歳、5 歳で 14.5 〜 16.5 である。　（前橋　明）

■かくれんぼ（hide-and-seek）

　かくれんぼは、2 人以上によって行われ、1 人の鬼と、残りの子に分かれる。人数が多い時は、鬼を複数人にすることもある。鬼が目をふさいでいる間に、子は隠れ、その後、鬼が子を見つけだすというシンプルなルールのあそび。

「かくれ鬼」とも呼ばれる。 （前橋　明）

■学童保育（after-school childcare）

　おおむね10歳未満の学童で、保護者が就労などにより、昼間、家庭にいないものに、放課後、児童厚生施設や学校の空き教室などの施設を利用して、適切なあそびと生活の場を与え、健全な育成を図ることを目的としている。10歳以上の子どもがこの事業に参加することを防げるものではないとも解釈されている。 （前橋　明）

■学童保育指導員（after-school childcare instructor）

　学童保育指導員とは、学童保育事業において、その保育をつかさどる職、または、その職にある人を指す。主な業務内容は、小学校に就学している子どもで、昼間、保護者が就労により、家にいない家庭の子どもや、疾病、介護などにより、昼間に家庭での養育ができない子どもたちを対象として、その放課後の時間帯において、子どもに適切な「あそび」および「生活」の場を提供し、支援することである。学童保育指導員として働く際の専門資格は存在しないが、任用資格として「放課後児童支援員」がある。放課後児童健全育成事業の設備および運営に関する基準[1]の第10条第2項には、「放課後児童支援員の数は、支援の単位ごとに2人以上とする」と定められている。外あそびと学童保育指導員の関連については、学童保育においても、施設によっては外あそびが実施されており、放課後児童クラブ運営指針解説書[2]には、「特にこの時期の屋外でのあそびは、子どもの心身を解放し、運動能力を高めるとともに、子ども同士のあそびをより豊かなものにする。放課後児童支援員等は、子ども一人ひとりが発達段階にふさわしいあそびと生活を送ることができるよう、環境の工夫や改善に努める必要がある」とされている。 （門倉洋輔）

【1）厚生労働省：放課後児童健全育成事業の設備及び運営に関する基準. p.1. 2014.】
【2）厚生労働省：放課後児童クラブ運営指針解説書. p.41. 2016.】

■かけっこ（race, running）

　決められた距離をできるだけ速く走る競走やあそび。 （竹田昌平）

■影（shadow）

　太陽の光が物体に作り出す暗い形である。影は、子どもたちにとって、楽しさを提供するあそびの要素となりうる。　　　　　　　　　　　　（野村卓哉）

■影ふみ（shadow stomping demon）

　日影を利用するため、日照が十分にある屋外で行われるあそび。あそび方としては、参加者の 1 名が鬼役となり、開始の合図とともに、鬼役が影踏みを開始する。鬼が子の影を踏んだ場合には、その影を踏まれた子が新たに鬼役となり、立場を交代する。影に入っていることのできる時間について制限を設けることも多い。　　　　　　　　　　　　　　　　　　　　　　（前橋　明）

■かごめかごめ（Kagome Kagome）

　鬼は目を隠して中央に座り、そのまわりを他の子が輪になって、うたを歌いながら回る。うたが終わった時に、鬼は自分の真後ろ（つまり後ろの正面）に誰がいるのかを当てる。　　　　　　　　　　　　　　　　　　（前橋　明）

■かたき（Kataki）

　かたきとは、ドッジボールに似ているが、個人戦で行われるあそびである。ルールは、まずボールを高く上に投げ、3 回バウンドしたら、ゲームを開始する。ボールを持っている人は、3 歩まで動け、ノーバウンドでボールを当てられた子はアウトになる。アウトになった子はフィールド外に出るか、その場に座り、自分にボールを当てた子が他の誰かにボールを当てられると復活することができる。最後の 1 人になるまで戦う。　　　　　　　　（廣瀬　団）

■カヌー（canoe）

　カヌー[1]とは、外部の動力を用いず、人の手でパドル（オール）を操り、操縦者の前方に進む舟である。海や川、湖などで楽しむことができる活動で、幼児が乗れるものから、競技性の高いものまで、様々な種類のカヌーがある。

　　　　　　　　　　　　　　　　　　　　　　　　　　　　（門倉洋輔）

【1）公益社団法人 日本カヌー連盟：はじめてのカヌー，https://www.canoe.or.jp/enjoy_canoe/introduction/（2024.3.11 確認）.】

■紙飛行機（paper airplane）

紙で飛行機を作って、飛ばして楽しむあそび。遠くに投げる動作は、ボール投げの動きに似ている。飛ばす動作のくり返しが、ボールを遠くに飛ばす練習にもつながる。 （倉上千恵）

■川（river）

地表の水が集まり、くぼ地に沿って流れる帯のような水路。清らかな水が流れる川は、小石を投げたり、流木で遊んだりする自然のプレイグラウンドにもなる。 （野村卓哉）

■川あそび（river play）

川で泳いだり、魚やザリガニをとったり、物を浮かべたりして遊ぶことができる。川の流れや水温、水しぶき等の水の特性や、水辺の生態系を知ることができる。 （竹田昌平）

■簡易ゲーム（games of low organization）

輪になってのゲーム、散在してのゲーム、線を使ってのゲーム等、簡易なゲームのことをいい、動作や知識、協調性の能力を適用し、熟達できるように展開でき、基礎的な動きを身につけさせることができる。操作系の運動あそびと簡易ゲームの中では、とくに、お手玉やボールを投げたり受けたりして操作能力を身につけるとともに、縄やパラシュートを使った様々なゲームや運動が経験できる。さらに、簡単なゲームを行って、協調性を身につけることも可能である。 （前橋　明）

■感覚統合（sense unification）

子どもは、遊びながら自分のからだの位置や動きがどうなっているのかを感じたり、触れたり触られたり、見たり聞いたりしながら、適応能力を身につけていく。これらの感覚は、脳の発達と深いかかわりをもっており、脳での一連の処理過程を感覚統合という。 （前橋　明）

■缶けり（kick the can）

空き缶を使ってかくれんぼをするあそびで、遊び方は、まず鬼を一人決め、地面に円を描いて、その中心に空き缶を置き、鬼以外の子が空き缶を遠くに蹴る。鬼が空き缶を元の位置に戻す間に、子は隠れ、鬼は隠れている子を探しに

行き、見つけたら「○○ちゃんみっけ！」と言って空き缶を踏む。見つかった子は助けを待ち、見つかっていない子は、鬼が見ていない隙に空き缶を蹴り飛ばし、それに成功したら、捕まった子は全員逃げることができ、また最初からのあそびになる。鬼は子どもたちに空き缶を蹴られないようにしながら、隠れている子を全員を見つけることができたら勝ちといったあそびである。

（廣瀬　団）

■ き ■

■季節のあそび（seasonal play）

　季節のあそびとは、季節の移り変わりを肌で感じ、その季節ならではのあそびをいう。日本には四季があり、季節の変化があるからこそ、その変化に応じたあそびの工夫やアイデアが生まれ、子どもの主体性や創造性が養われる。春は、暖かな春空の中、タンポポの綿毛飛ばしやシロツメクサでアクセサリーづくり、ツクシ採り等を楽しむことができる。夏は、動植物も生き生きとして、森や林の中には、多種多様な昆虫で溢れている。川あそびや海水浴では、泳ぐだけではなく、魚や貝、甲殻類や水生昆虫などにふれる機会もある。秋は、自然の木々を利用した落ち葉あそび、どんぐり探し等を楽しむことができる。冬は、気温が下がるため、動植物も少なくなり、他の季節に比べてあそびの機会も少なくなるが、雪が降ると、積もった雪を活用して、そりあそびや雪像づくり、雪のスタンプあそび等の雪あそびを楽しむことができる。

（門倉洋輔）

■キックスケーター（kick scooter）

　キックスケーターとは、地面を蹴って進むことができる、ハンドルの付いた乗り物。キックスケーターには、タイヤのサイズや種類、ブレーキや折りたたみ機能など、様々な種類があるので、自分の好みや用途に合わせて選んで遊ぶことができる。また、幼児や児童も気軽に乗ることができるので、小さな子どもたちにも人気のある乗り物。

（廣瀬　団）

■キックベース（kick baseball）

　野球のバットの代わりに、ピッチャーが転がしたボールを蹴って、野球のように塁を進んでいくあそび。1塁、2塁、ホームだけの三角ベース型などもある。　　　　　　　　　　　　　　　　　　　　　　　　　　　　（倉上千恵）

■機能訓練（functionnal training）

　事故や疾病、または、先天的に上肢下肢、体幹の運動機能の遅れや障害をもつ人に対し、主に身体的な障害を軽減・改善することにより、食事やトイレ等の身のまわりの動作、食事、就労などの適応性向上を目的として行われる訓練で、主に理学療法士や作業療法士がこれにあたる。　　　　　　　（前橋　明）

■木登り（tree climbing）

　木に登ったり、降りたりするあそびのこと。高く登れば登るほど、遠くの方がよく見えるし、少し偉くなった気分の味わえるあそび。　　　　　（前橋　明）

■騎馬戦（mock cavalry battle）

　旗差物を奪い合う武士の戦いに由来して発展した格闘的競技で、運動会の種目としてみられる。とくに騎馬戦は、士気高揚の格闘的競技として、戦前では、大変重要な競技であった。　　　　　　　　　　　　　　　　　（前橋　明）

■基本運動（basic movement）

　幼児期にみられる基本となる動作スキルからなる運動のこと。歩く、走る、這う、跳ぶ、スキップする、泳ぐ等、ある場所から他の場所へ動く技術である「移動系運動スキル」と、バランスをとる、渡る等、姿勢の安定を保つスキルである「平衡系運動スキル」、投げる、蹴る、打つ、取る等、物に働きかけたり、操ったりする「操作系運動スキル」、その場で、ぶらさがったり、押したり、引いたりする「非移動系運動スキル（その場での運動スキル）」からなる。

　　　　　　　　　　　　　　　　　　　　　　　　　　　　　　（前橋　明）

■基本運動スキル（fundamental movement skills）

　基本運動スキルは、移動運動やその場での運動、バランス運動、操作運動などの運動スキルを指し、子どもたちが生涯の中で経験するスポーツやダンス、スタンツ、回転運動、体力づくりの専門的スキルづくりの土台となる。①歩・走・跳・ホップ・スキップ・スライド・ギャロップ等の基本的な移動運動

スキル（ロコモータースキル）、②ぶら下がる、伸ばす、引く、押す、曲げる等の非移動運動スキル（ノンロコモータースキル）、③平衡系の動きのスキル（バランススキル）、④止まっている物体や動いている物体にボールを投げたり、受けたり、蹴ったり、打ったりする操作系の動きのスキル（マニピュレイティブスキル）、⑤移動運動や非移動運動、バランス運動、操作運動を複合した動きのスキルを含む能力をいう。　　　　　　　　　　　　　　（前橋　明）

■キャスターボード（caster board）

　前後に自在車輪（キャスター）が1つずつ取り付けられている、二輪構成のスケートボードであり、足を地面と平行にしたまま、前後車輪を左右に振り、重心を前後にかけることでボードが進んだり、方向転換したりすることができる。乗るときには、安全のためにヘルメットを装着することが望ましい。

（廣瀬　団）

■キャッチボール（catch ball）

　ボールを2人以上の参加者で投げ合う活動。　　　　　　　　（竹田昌平）

■ギャングエイジ（gang age）

　児童期の中期から後期（小学校低学年から中学年）にかけて、最も活発になる仲間集団における社会化の過程。その特徴は、仲間集団への帰属・忠誠・同調にある。　　　　　　　　　　　　　　　　　　　　　　　　（石川基子）

■キャンプ（camp）

　語源は、ラテン語「campus」で平らな場所、広場という意。「野営」「テント生活」「軍隊生活」「陣営」「同志」と訳され、「兵士が天幕に泊まって宿営している場所、あるいはその訓練を受ける場所」「人が集まる場所」という意味が含まれる。これらから、「プロ野球のキャンプ」「軍隊のキャンプ（駐屯地）」「難民キャンプ」等にも使われる。レジャーとしてのキャンプは、オートキャンプやバーベキュー、学校での林間学校など、自然環境の中で家族と仲間といっしょに野外や屋外で一時的な生活や活動すること全般を指す。近年、インターネットやスマホ依存対策や治療としての効果が注目を浴びている。

（石川基子）

■キャンプファイヤー（campfire）

　焚火を中心として、参加者がうたを歌ったり、ダンスをしたりして楽しむ活動。　　　　　　　　　　　　　　　　　　　　　　　　　（竹田昌平）

■協応性（coordination）

　身体の2つ以上の部位の運動を、1つのまとまった運動に融合したり、身体の内・外からの刺激に対応して運動したりする能力を指し、複雑な運動を学習する場合に重要な役割を果たす。具体的には、手と目、足と目、手と足の協応を必要とする動きを、正確に無理なく示すことができる能力をいう。

（前橋　明）

■教具（teaching aid）

　教具とは、一般に学習指導の効果を高めるために工夫される道具や器具のことを意味する。教具の機能は、学習内容の習得を容易にしたり、学習内容の課題性を意識させ、方向づけたりして、学習機会を増大させ、学習の効率を高める。　　　　　　　　　　　　　　　　　　　　　　　　　　（前橋　明）

■教材（teaching material）

　教材とは、授業における学習内容を習得するための手段である。教材の概念は、授業において教え学ばせたい中身を想定した意図的な働きかけの構造において理解されるものである。学習成果を上げ、好ましい学習状況を生み出す教材の基本的な条件として、①その教材が習得されるべき学習内容を典型的に含みもっていること、②その教材が学習者の主体的な諸条件に適合しており、学習意欲を喚起することができることである。　　　　　　（前橋　明）

■協同的あそび（cooperative play）

　あそびに共通の目的があり、役割や仕事分担して集団で遊ぶこと。パーテン（Parten, M.B., 1902-1970 年）の対人関係の発達段階に基づくあそびの分類の1つである。　　　　　　　　　　　　　　　　　　　　　（照屋真紀）

■筋力（strength）

　筋が収縮することによって生じる力のことをいい、筋が最大努力によって、どれくらい大きな力を発揮し得るかということで、kgであらわす。（前橋　明）

■近隣公園（neighborhood park）

住区基幹公園の1つで、主に近隣に居住する者の利用に供することを目的とする公園で、半径500 m以内の住民が利用することを目的とし、公園の敷地面積は2 ha（東京ドームの約半分）が標準とされる。街区公園より一回り大きくなったもので、近隣公園以上の規模をもった公園には、多目的運動スペース（グラウンドやテニスコート等）が設置されることが多い。（廣瀬　団）

■　く　■

■空間認知能力（spacial awareness）

上下・左右・前後の概念を理解する空間的な認知能力をいう。この能力が発達すると、身体の左右・上下の部分の動きを知り、使い分けることができるようになる。例えば、左右の腕を個々に動かしたり、同時に動かしたり、あるいは交互に使ったりできるようになる。足も同様に、個々に、同時に、交互に使えるようにもなる。さらに、同じ側の手と足を同時に使ったり、反対側の手と足を同時に使ったり、ジャンピングジャックスのように、両手と両足を同時に使うことができるようにもなる。また、身体の各部分のつながり、線や円、四角などの基本的な形の理解、自己の身体の外にある空間の理解、身体と方向との関係を理解して、前後・左右に巧みに動くことができるようになる。

（前橋　明）

■クオリティ・オブ・ライフ（QOL, Quality of Life）

生活の質のことで、生活、生命、人生などが心身ともに充実した状態をさす。　　　　　　　　　　　　　　　　　　　　　　　　　　（前橋　明）

■草花あそび（nature craft time）

桜の花びらや、カラスノエンドウで花笛を作ったり、オオバコの茎で相撲をしたり、タンポポの茎で風車を作ったりするあそびのこと。　　（倉上千恵）

■草笛（grass whistle）

草や葉を使って音を出すあそび。　　　　　　　　　　　　（竹田昌平）

■くつかくし（hide shoes）

　屋外で行う子どものあそびで、隠された靴を探すあそび。地域や時代によっては、下駄隠しともいう。ジャンケンで鬼を1人決め、鬼以外の子は片方の靴を脱ぎ、鬼が見ていない一定時間に自分の靴を一定範囲の見つからない場所に隠す。それらの靴を鬼が見つけられるかどうかを楽しむあそびである。方法として、1回終了ごとに鬼を決めなおすか、隠された靴を鬼が全部見つけられた場合に限り、鬼が交代する等がある。　　　　　　　　　　（前橋　明）

■靴とばし（kick the shoe）

　自分の靴を蹴って、飛ばすあそび。遠くまで飛ばせた子の勝ち。（倉上千恵）

■屈伸（bending and stretching）

　足腰や首・手などの関節を使い、かがんだり、伸びたりすること。伸び縮み。　　　　　　　　　　　　　　　　　　　　　　　　　　（佐々木幸枝）

■グラススキー（grass skiing）

　長く平たい2本の板を、それぞれの足に装着し、草の斜面を滑り下るあそび。　　　　　　　　　　　　　　　　　　　　　　　　　　　（竹田昌平）

■ け ■

■ケイドロ（警察と泥棒）（police and thief）

　警察と泥棒の2チームに分かれて行う鬼ごっこの一種。あそび方は、まず、チームを「警察」と「泥棒」に分ける。人数は警察が2割、泥棒が8割くらいがよい。次に牢屋の場所を決めるが、階段や砂場、ジャングルジム等の遊具を使ってもよいし、地面に円を描いてもよい。スタートの合図で、警察は10秒数えてから泥棒を探しに行き、泥棒は、その間に逃げたり、隠れたりする。警察は、泥棒にタッチして捕まえ、捕まった泥棒は、牢屋に入れられる。牢屋にいる泥棒は、まだ捕まっていない仲間にタッチしてもらうと牢屋から再び逃げることができる。警察が制限時間内に泥棒を全員捕まえることができたら勝ちとなり、逆に泥棒が逃げ切れれば泥棒の勝ちといったあそびである。

　　　　　　　　　　　　　　　　　　　　　　　　　　　（廣瀬　団）

■ケースワーク（case work）

　生活上の問題をもった個人または家族に対して、心理的・社会的観点から個別的に援助し、クライエントが独力で問題の解決を図り、自立し、人格の発達を図ろうとする場合の援助の過程である。これは、面接を中心に展開され、調査・診断・治療の段階を、同時並行的にたどっていく。　　　　　（前橋　明）

■健康（health）

　健康には、多面性があり、健康を捉える際には身体的側面だけでなく、精神的、社会的な側面も考慮することが重要である。健康の定義は、WHO（世界保健機関）憲章[1]によると、「健康とは、病気でないとか、弱っていないということではなく、肉体的にも、精神的にも、そして社会的にも、すべてが満たされた状態にあること」とされている。つまり、健康とは、身体的な健康だけでなく、心身ともに良好な状態を表す。　　　　　（門倉洋輔）

【1）世界保健機関：世界保健機関憲章．p.1．1947．】

■健康・体力づくり（health related fitness）

　健康的な生活の構成要素としての運動の重要性の認識と体力を高める運動の実践、バランスのとれた食事の基礎的知識、主要な身体部分や器官のはたらきと位置の理解、正しい姿勢の理解、運動あそびでの熱中、楽しさ、満足をも経験させて、健康や体力を向上させていくことをいう。

　個人の健康は、予期せぬ状況に立った場合にでも、十分なエネルギーで毎日を生き抜いたり、レジャー時代における運動参加を楽しむことのできる能力を示す。子どもたちに、健康的な良いレベルに達するよう設定された各種の運動に参加する機会を与えることは、極めて大切なことである。したがって、体力づくりを持続させるための興味づくりを工夫する必要がある。さらに、子どもたちには、体格や心臓・呼吸器機能、柔軟性、筋力、持久力を含む体力の要素に関連した生理学的な基礎知識を身につけさせるとともに、自己の生活の中で健康理論を適用できるようにさせたい。　　　　　（前橋　明）

■健康日本21（Health Japan 21）

　日本の国民が健康で、明るく元気に生活できる社会の実現を図るための国民の健康づくり運動。　　　　　（前橋　明）

■健全育成活動（work on healthy upbringing）

　急速な都市化や高度産業化社会に起因するネガティブな影響から、子ども
たちを、健全に育つよう、守るための活動。　　　　　　　　　（前橋　明）

■　こ　■

■公園（park）

　公園とは、公衆が憩い、あそびを楽しむために公開された場所や区域のこ
と。公園には、①市街地の一区画に草木を植え、噴水を設置する等して憩いの
場としたもの、②市街地の一角に、ジャングルジムやすべり台、ブランコ等の
子どもの遊具を設置し、子どものあそび場として整備したもの等がある。ま
た、動物や植物などを自然に近い状態で人に見せるための動物公園や植物公
園、森林公園と呼ばれるものもある。さらに、国立公園や国定公園のように、
自然の景観や動植物、地形などを保護するために、指定された地域もある。

　　　　　　　　　　　　　　　　　　　　　　　　　　　　　（前橋　明）

■公園遊具（playground equipment）

　公園に設置されている遊具で、子どもたちがあそびに使う道具・設備のこ
とを指す。子どものあそびに供するために設置される道具・設備のことであ
る。　　　　　　　　　　　　　　　　　　　　　　　　　　　（前橋　明）

■光化学スモッグ（photochemical smog）

　自動車や工場などから排出される窒素酸化物と炭化水素が太陽の強い紫外
線を受けると光化学反応が起き、二次的汚染物質が生成される。これらの二次
汚染物質が、大気中で拡散されずに滞留すると、上空が霞んで、白いモヤがか
かったような状態になることがあり、この状態のことを「光化学スモッグ」が
発生しているという。光化学スモッグ注意報発令中に、屋外で過ごすと、目の
刺激やのどの刺激があり、目がチカチカする、涙がでる、のどが痛い等の症状
が出現する。　　　　　　　　　　　　　　　　　　　　　　（板口真吾）

■厚生（the public welfare）

　人々の暮らしを豊かにし、健康を増進すること。　　　　　（前橋　明）

■**高体温**（hyperthermia）

腋下で 37℃ を超える体温。 （前橋　明）

■**巧緻性**（skillfulness）

　身体を目的に合わせて正確に、すばやく、なめらかに動かす能力であり、いわゆる器用さ、巧みさのことをいう。 （前橋　明）

■**校庭開放**（school playground open）

　子どもの居場所対策や子どもを様々な危険から守ることを目的として、小学校の校庭開放が広がっている。校庭を含む学校施設の開放は、子どもたちのあそび場や地域住民の社会教育活動促進のために、戦後まもなくの頃から実施されている。近年では、共働き家庭の増加により、放課後だけでなく朝の校庭開放の取り組みも広がりつつある。子どもが安全に遊べる校庭は、近年、減少した外あそびの機会の回復や地域コミュニティの活性化に寄与することが期待されている。 （石川基子）

■**行動体力**（physical ability for behavior）

　行動体力は、体格や体型などの身体の形態と機能に二分されるが、その機能面からみると、①行動を起こす力（筋力、瞬発力）、②持続する力（筋持久力、呼吸・循環機能の持久力）、③正確に行う力（調整力：協応性、平衡性、敏捷性、巧緻性）、④円滑に行う力（柔軟性、リズム）がある。 （前橋　明）

■**ゴールデンタイム**（golden time）

　子どもの体温が高くなる日中の時間帯は、からだを動かしやすく、あそびや学びの効果を得やすい時間帯である。中でも、15 〜 17 時は成長のために重要な時間帯であり、16 時頃に最高となる体温リズムが築かれていることから、この時間帯をゴールデンタイム[1] と表される。 （門倉洋輔）

【1）前橋　明：子どもの健康福祉指導ガイド，大学教育出版，pp.5-17，2017.】

■**氷鬼**（ice tag）

　鬼に捕まった子は、氷になって固まってしまう鬼ごっこ。鬼に捕まると、その場で動けず、固まる。逃げている子が固まった子にタッチすると、その子は復活して、また逃げることができる。 （菊地貴志）

■呼吸（a breath）

　呼吸は、息を吸ったり、吐いたりすることで、幼児の呼吸や脈拍は、大人より多く、運動時や環境の変化を受けて変動しやすいという特徴がある。幼児は、肺胞の数が少ないので、1分間の呼吸数は、大人（15 〜 20 回／分）より多く、4 歳〜 6 歳児は 20 〜 25 回／分、2 〜 3 歳児は 25 〜 30 回／分である。

（前橋　明）

■午後あそび（play in the afternoon）

　午前中のあそびとともに、成長期の子どもにとって大切な昼間のあそび。体温リズムの中で、最も体温の高まった、いわゆる、生理的にウォーミングアップのできた時間帯（午後 3 時頃から 5 時頃にかけて）のあそび。この時間帯の積極的な運動あそびで、しっかり運動エネルギーを発散させ、情緒の解放を図っておくことが、夜には心地よい疲れを生じ、夜の入眠を早める秘訣となる。

（前橋　明）

■午睡（nap）

　保育施設で実施される午後の睡眠のことである。一般的にはお昼寝と同じ意味だが、保育施設では午睡という言葉が使われている。

（照屋真紀）

■子育てサークル（childcare circle）

　子育てをしている母親や父親と、その子どもが主な対象で、親が主体になってグループを運営し、営利を目的とせず、子育ての目的で作られた自主グループのこと。子育てサークルの利点としては、①子どもに異年齢の仲間を提供できる、②親に話し相手ができ、子育て上の不安軽減につながる、③多様な子育ての状況を見聞きできる（親の視野が広がる）、④子どもの発達に見合った関わりが体得できる、⑤子育ての学習の場になる。

（前橋　明）

■子育て支援センター（childcare support center）

　乳幼児やその保護者が交流を図る場、子育ての不安や悩みを相談できる場として、厚生労働省が推進する地域子育て支援事業の一つとして設置された施設。地域の公共施設や空き店舗、公民館、保育所（保育園）などの児童福祉施設、小児科医院の医療施設などで行われている。

（照屋真紀）

■ごっこあそび（copycat play）

　ごっこあそびは、子どものあそびの一種で、何かになったつもりになって遊ぶものである。子どもが興味や関心を抱く対象を模倣することで行われる。石を「あめ玉」と見立てて遊んだり、コップに色水を入れて「ジュース」と呼んだりして遊ぶ。物を物としてしか扱えない感覚運動期（乳児期）から、3歳以降にはふり行動に物語性が加わって、ごっこあそびが展開される。また、以前には親の促しや代弁によって成り立っていたふり行動が、主として子ども自身の力で展開できるようになっていく。

　かつてのあそびの中では、「鬼ごっこ」や「チャンバラごっこ」「ままごとごっこ」といった「ごっこあそび」が頻繁に行われていた。つまり、大人や動物などのまねをして、子どもなりに工夫して、各々の役割を演じて遊んでいた。幼児のあそびらしい「ごっこあそび」には、型にはまった規則はない。「ままごと」ごっこを例にあげると、子どもたちが演じる父親は、それぞれ自分の父親の様子を思い浮かべながら、十人十色の父親を演じる。一定の父親像は、そこにはない。頑固な父親を演じる子、やさしい父親を演じる子、母親に頭のあがらない父親を演じる子など、様々である。いろいろと工夫して、思い思いにまねて演じるあそびのことである。

（前橋　明）

■骨折（fracture of bone）

　外力によって、骨の連続性をたたれた状態をいう。完全な骨折と、たわんだり、ひびが入っただけの場合（不全骨折）があり、不全骨折の場合は、レントゲンをとってもわからない場合がある。子どもの骨は発育途上にあるので、まだ十分にカルシウムが沈着していないため、大人のように硬くなっていない。そのため、この不全骨折が多くなる。子どもの骨折は、修復するのが早く、不全骨折でも元通りに治癒する場合がある。しかし、骨折部位がずれたり、ゆがんだりしたまま修復した場合、変形や機能障害を起こすことがある。痛みが強いときや、腫れや内出血が強い場合、1〜2週間たっても痛みがひかない場合は、病院に行って、骨折であるかどうかを診断してもらうことが必要である。

（前橋　明）

■骨折の処置（measures of the bone fracture）

　骨折を疑うような強い痛みを訴えるときは、骨折部を動かさないようにする。骨折部を動かすと、血管や神経を損傷するので、そのままの形で固定する。出血と腫れを最小限にするために、骨折した部位は下に下げないで、挙上する。

　上肢の骨折が疑われる場合は、脱臼時と同様に、腕を上半身に固定する。下肢の場合は、足をまっすぐに伸ばし、健足を添え木として患足を固定する。両足の間にタオルや衣類などをはさんで、三角巾で①足首、②足の甲、③ひざの上、④ひざの下を縛って固定する。腫れている部分は、しばらないようにすること。結び目は、健足の上になるようにしてしっかり結ぶ。足の下に座布団をおいて患足を挙上して、病院に運ぶこと。　　　　　　　　　　（前橋　　明）

■固定遊具（fixed playground equipment）

　固定遊具は、登ったり、滑ったりして、みんなが楽しく健康に遊べる遊具である。子どもたちは、遊具でのあそびを通して、心身の発達、友だちとの協力・共同・譲り合い等の社会的、道徳的発達、遊び方を工夫する知的発達などをもたらし、危険予知能力をも養う。つまり、遊具は、子どもの成長・発達を促進する重要な施設といえる。　　　　　　　　　　　　　　　　（前橋　　明）

■子ども・子育て支援新制度

　2012年8月に成立した「子ども・子育て支援法」「認定こども園法の一部改正」「子ども・子育て支援法及び認定こども園法の一部改正法の施行に伴う関係法律の整備等に関する法律」の子ども・子育て関連3法に基づき、2015年4月に本格施行した国の制度。保護者が子育てについての第一義的責任を有するという基本的認識の下に、幼児期の学校教育や保育、地域の子育て支援の量の拡充や質の向上を進めていくためにつくられている。その主な内容は、①認定こども園、幼稚園、保育所を通じた共通の給付、および小規模保育等への給付の創設。後者の給付は、都市部における待機児童解消とともに、子どもの数が減少傾向にある地域における保育機能の確保に対応。②認定こども園制度の改善（幼保連携型認定こども園の改善等）。③地域の実情に応じた子ども・子育て支援（利用者支援、地域子育て支援拠点、放課後児童クラブ等の

「地域子ども・子育て支援事業」）の充実である。　　　　　　　（石川基子）

■子どもに適したあそび場（playground suitable for children）

　今日のように、単に安全なスペースがあって、緑の景観を整えて、落ちつきのもてる地区の一カ所に、「子どものためのあそび場を作りましたよ」では、子どもは遊ばない。また、自由にはしゃぐことができなければ、子どもは自由な活動を抑えてしまう。「静かにしなければ迷惑になる」「きれいに使わないといけない」「土を掘ってはいけない」「木に登ってはいけない」「球技をしてはいけない」という条件のついた空間は、子どものあそび場には適さないのである。自然とのふれあいをもっと大切にして、子どもたちが「自らの発想を実際に試みること」を応援してもらえるようなあそび場と見守り（監督）が必要である。つまり、木に登ったり、地面を掘って基地を作ったり、子どものアイデアを、もっと試みさせてもらえるあそび場が求められている。とくに、外あそびの実体験を通して得た感動体験は、子どもの内面の成長を図り、自ら考え、自ら学ぶ自立的な子どもを育んでいく。したがって、幼少児期には、自由にあそび場ではしゃげることが大切で、それらのことが、子どものあそびを、いっそう発展させていくのである。　　　　　　　　　　　　　　（前橋　明）

■子どものあそびのリズム（children's play rhythm）

　子どもの特徴として、集中力の短い幼少児期には、家の前の道や路地は、ほんのわずかな時間で物を取りに帰ることができ、短い時間であそびを発展させたり、変化させたり、継続できる都合の良い場所である。中でも、幼児は、長い間続けて活動できないし、活動や休息の時間はきわめて短い。さらに、休息の仕方も何かと動きを絶やさない形で休息する。つまり、幼児の活動と休息は、短い周期でくり返されていく。このリズムが、まさに、子どもの「あそび」と「ものを取りに帰る時間（休息)」との周期に合っていたので、親が迎えに来るまで、いくらでも楽しく遊ぶことができていたのである。（前橋　明）

■子どものあそび場（children's playground）

　子どものあそび場は、「あそび場と家とが近いところ」「自由にはしゃげるところ」であれば、安心して、あそびを発展させることができる。安全な道や路地、空き地は、子どものあそび場として使われる。遠くにあそびに行くと、

あそびの種類は固定されたが、家の前の道で遊んでいれば、あそびに足りない
もの（必要な道具）があると、すぐに家から持ってくることができた。遠くの
あそび場であれば、あそびの道具や必要なものを取りに帰って、再度、集まろ
うとすると、多くの時間がかかった。だから、家から近い所は、たとえ道路で
あっても、それは居心地の良い空間なのだ。なお、道や路地も土であれば、好
きな落書きや絵が描けるし、石や瓦を投げても、地面の上で止まった。雨が降
ると、水たまりができるので、水あそびもできた。地面は、あそびの道具なの
である。また、土は、相撲をしても、アスファルトやコンクリートとは違い、
転んでも痛くなく、安全であった。　　　　　　　　　　　　　　　（前橋　明）

■**子どもの健全な成長のための外あそび推進に向けた提言書**（proposal
document for promoting outdoor play for children's healthy growth）

　「子どもの健全な成長のための外あそび推進に向けた提言書」は、子どもた
ちが屋外で遊ぶことの重要性を強調し、その促進に向けた具体的な提案や方針
をまとめた文書[1]である。「子どもの健全な成長のための外あそびを推進する
会」が、国会議員らと共に取りまとめた。2021 年 6 月 18 日に発表され、同日、
内閣官房長官に提出されたもの。　　　　　　　　　　　　　　（門倉洋輔）

【子どもの健全な成長のための外あそびを推進する会：子どもの健全な成長のための外あそび
　推進に向けた提言書．p.4，2021.】

■**子どもの権利条約**（Convention on the Rights of the Child）

　1989（平成 1）年 11 月に、国連総会で採択された法的拘束力のある条約で
あり、現在の子どもを取り巻く環境の悪化から、子どもをいかに救済・保護す
るかとともに、「子どもの最善の利益」を保障するために、どのような権利が
現在の世界の子どもたちに必要なのかを示している。　　　　　　（前橋　明）

■**子どもの人権オンブズマン**（human rights ombudsman of the child）

　子どもの人権専門委員の通称で、子どもをめぐる人権問題に適切に対処す
るため、特に、弁護士、教育関係者などの人権擁護委員の中から選任されてい
る。　　　　　　　　　　　　　　　　　　　　　　　　　　　　（前橋　明）

■子ども110番の家（children's number 110 house）

　子ども110番の家[1]とは、地域で子どもたちの安全を確保することを目的として、子どもたちが、誘拐や暴力、痴漢など、何らかの被害に遭った、または遭いそうになったと助けを求めてきたとき、その子どもを保護するとともに、警察や学校、家庭などへ連絡して、地域で子どもたちの安全を守っていくボランティア活動である。自治体や教育委員会などが中心となり、民家や店舗、事業所などの地域ボランティアに協力を依頼して設置されている。子ども110番の家は、子どもたちが迷うことのないよう、目印として、各地域で定着しているマークを掲示する。　　　　　　　　　　　　　　　　　　　　（門倉洋輔）

【1）警視庁：「子供110番の家」活動マニュアル，p.1，2022.】

■子とろ子とろ（tag the kids）

　子は、前にいる子の肩に手をおいて列車をつくり、鬼は、一番後ろの子どもの背中をタッチしにいくあそび。先頭の子は、鬼から後ろにいる子どもたちを守り、最後尾の子どもが触られたら、先頭の子が次の鬼になる。（倉上千恵）

■木の葉集め（collecting leaves）

　落ち葉を集めるあそびのこと。時間内に一番多くの種類の葉っぱを集められた子の勝ち。　　　　　　　　　　　　　　　　　　　　　　　　　（倉上千恵）

■ゴムチップ（rubber chip）

　ゴムで作られた小さなチップを遊び場の床材に利用し、転倒時の衝撃を和らげる等、安全性を高める目的で使用されている。　　　　　　　　（竹田昌平）

■ゴム跳び（jump rubber rope）

　「ゴム跳び」は、ピンと張ったゴムひもを跳び越えたり、踏んだりして楽しむ伝承あそびである。友だちが持ってあげたり、柱に括り付けたりして高さを変えて、変化を付けながら遊ぶ。「ゴム段」と呼ばれることもある。ゴムを跳び越えようとジャンプをすることで、足の筋力や跳躍力、足首の強化につながる。また、ゴム紐なら当たったり引っかかったりしても痛くないので、ものを跳び越えることへの抵抗を軽減することができる。保育園や幼稚園では、縄跳びを練習する前の導入として遊んだり、運動あそびで高跳びをする園では、その前段階として遊ぶのがよい。　　　　　　　　　　　　　　　　　（前橋　明）

■ 5 領域（5 areas）

　5 領域とは、保育や幼児教育において、幼児期の発達を整理し、健康、人間関係、環境、言葉、表現という 5 つの側面[1~3]から包括的にまとめたものである。この 5 領域は、特定の活動に対して限られた領域の視点のみで捉えるのではなく、ある活動には、複数の領域が関わる経験が含まれているという考え方である。

　子どもの発達は、様々な側面が相互に関連している。各領域の目標や内容は、保育者が子どものあそびや日常生活を通して総合的な指導を行う際の視点のみならず、環境を構成する際の視点としても重要である。子どもたちが豊かな経験を通じて、健全な成長と発達を遂げるためには、これらの領域をバランスよく促進し、子どもの興味や関心を大切に尊重することが求められる。

（門倉洋輔）

【1）文部科学省：幼稚園教育要領，p.1，2017.】
【2）厚生労働省：保育所保育指針，p.1，2017.】
【3）内閣府・文部科学省・厚生労働省：幼保連携型認定こども園教育・保育要領，p.1，2017.】

■昆虫採集（insect collecting）

　昆虫を捕まえ、観察や標本づくりを行う。昆虫の多様性や生態系を学ぶことができ、自然に対する理解と興味を深める。採集活動を行う際には、昆虫の生息地や種の保護状況に配慮し、適切な方法で行うことが重要。　（竹田昌平）

■ さ ■

■サーカディアンリズム（概日リズム）（circadian rhythm）

　24 時間よりやや短い周期の生体リズム。体温では、生体リズムにしたがって、1 日のうちに、0.6 ～ 1.0℃の変動を示す。日常生活では、一般に、午前 2 時～ 4 時の夜中に最も低く、午後 3 時～ 5 時の夕方に最高となる一定の概日リズムをもつ。

（前橋　明）

■サーカニュアルリズム（circannual rhythm）

　ほぼ 1 年の周期をもった生体の活動リズム（概年リズム）のこと。

（前橋　明）

■サイクリング（cycling）

　自転車を使用して行うアクティビティの総称である。道路や山岳地帯、公園など、様々な環境や目的で楽しむことができる。レジャーとしてのサイクリングは、美しい景観を楽しむことができ、フィットネスを目的としたサイクリングは、心肺機能を高め、筋力を強化することができる。　　　（竹田昌平）

■ザイルクライミング（zail climbing）

　ザイルクライミングは、高い柱やフレームに固定されたロープやワイヤーの上を登る遊具である。登る際に手足を使ってバランスを取りながら、頂上を目指すことを楽しむ遊具である。子どもたちは、全身の筋力だけでなく、バランス感覚や手足の協応性を身につけることができる。登るよりも降りる方が恐怖心が高くなるので、なれるまでは登りすぎないよう気をつけよう。

（廣瀬　団）

■サステナビリティ（sustainability）

　環境や経済、社会のバランスを考え、将来の世代も資源を利用できるようにする持続可能な発展を目指す考え方。　　　（竹田昌平）

■サッカー（soccer）

　長方形のコートの両端にゴールを設置する。2つのチームに分かれ、相手チームのゴールにボールを入れることで得点できる。プレイヤーは、手でボールを触らずに、足でボールを操作しなければならない。日本やアメリカ等では「サッカー」というが、ヨーロッパや南米などでは「フットボール」と呼ばれている。　　　（竹田昌平）

■里山（woodland close to the village）

　里山は、日本の伝統的な景観と生態系を指す用語である。里山は、山と平野の間に位置し、村落や農地、森林、川、湖などが自然に調和した景観を形成する。里山では、人々が農耕や狩猟、漁業などの活動を通じて自然と共生し、持続可能な生活を営む。里山は、日本の歴史的な文化や伝統と深いつながりがあり、豊かな生態系と美しい景観が特徴である。しかし、近年、都市化や農業の変化などによって、里山の環境が損なわれつつある。そのため、里山の保護と再生が重要な課題となっている。　　　（門倉洋輔）

■ 3033 運動（3033 execise）

　運動の大切さを、生活の中で、どのようにして実現していったらよいのか
を示している運動で、1 日 30 分、週 3 回、3 カ月継続して、運動やスポーツ
を行い、運動を生活の一部として習慣化する呼びかけである。脳や神経が著し
く発達する幼少年期に、様々な運動や運動あそびを少なくとも 1 日 30 分は体
験させることで、体力の向上はもとより、自律神経の働きを高め、生活リズム
の改善や言語能力の発達、知的面の成長に効果がある。とくに、近年目立って
きた体温異常をはじめとする自律神経機能の低下の原因の多くは、遅寝・遅起
き、朝食の欠食、運動不足である。子どもに早寝の習慣づけをするためには、
日中の運動あそびの時間を増やし、ぐっすり眠れるように、疲れを誘発させる
ことが大切である。

1)　1 日 30 分：まずは、気軽にからだを動かす。10 分程度の運動を、あわせ
　　て 30 分でもよい。

2)　週 3 回：できれば、2 日に 1 回、運動をする。例えば、月・水・金とか、
　　火・木・土とか、まとめてよりも、コツコツ運動することが、運動の効
　　果が期待できる目安である。

3)　3 カ月間：3 カ月間、運動を続けることで、自動的にからだを守ってくれ
　　る自律神経の働きが良好になり、自ら考え、意欲的に、自発的に、取り
　　組む元気が出てくる。　　　　　　　　　　　　　　　　　（前橋　明）

■三間（サンマ）（Sanma, friend, time and space）

　「あそび仲間、あそび空間、あそび時間」の三つの間（マ）をとって「サン
マ」という。近年の子どもを取り巻く生活環境や社会構造の変化、少子化のネ
ガティブな影響が、「サンマ」の減少・喪失の背景にある。塾やお稽古事、ス
ポーツ教室などの教育産業、健康産業の普及により、地域で遊ぶ時間と仲間が
減少した。そして、事件や事故の心配もない安全な室内でのテレビゲームや既
成の玩具あそびが多くなってきた。かつて、子どもたちは、子どもだけの異年
齢集団で原っぱや路地であそびのルールをつくり、知恵を出し合い、全身を
使って遊び込む中で、ルールを守り合う人間関係をも学んだ。前橋（2003 年）
は、サンマの 1 つでも欠けることを「間抜け現象」と称し、大脳の活動水準

の低下を懸念した。地域における子どもたちのあそび場（あそび空間）がなくなったということは、「子どもたちだけの社会もない」という意味を含んでいることを指摘している。子どもの自発的なあそびが豊かに育まれるための、3間（サンマ）の保障を、大人たちが努力していかねばならない。　（前橋　明）

■三輪車（tricycle）

　三つの車輪を持つ乗り物。ペダルをこいで前進し、バランス感覚を養いながら楽しく遊ぶことができる。　（竹田昌平）

■し■

■シーソー（seesaw）

　長い板の中心を支点にして、板の両端に、それぞれ子どもが腰かけて乗り、上下運動をくり返して遊ぶ遊具のこと。主に、園庭や公園に設置されており、子どものあそびとして親しまれている。ヨーロッパでは、17世紀ごろ、土を積んだ上に木を置いて行われたあそびである。　（前橋　明）

■紫外線（ultraviolet rays）

　紫外線は、電磁波の総称で、波長によってA波（長波長）とB波（中波長）とC波（短波長）の3種類に分けている。この中で、健康に欠かせないのがA波とB波で、A波には細胞の活動を活発にして、その生まれ変わりを促進させる作用がある（日光浴）。B波は、皮膚や肝臓に蓄えられたビタミンD_2をビタミンD_3に変える役目をし、食物から摂取したカルシウムを体内カルシウムに再生し、骨格を作り、神経伝達を良くする。つまり、骨が丈夫になり、運動神経が良くなる。骨粗しょう症の予防にも、日光浴は重要な因子となる。また、ビタミンD_3は免疫能力を高めるので風邪を引きにくく、病気の回復が早まる。このビタミンD_3は、食べ物から摂ることはできず、からだが紫外線を浴びることでしか作れない。　（前橋　明）

■持久力（endurance）

　用いられる筋群に負荷のかかった状態で、いかに長時間作業を続けることができるかという筋持久力（muscular endurance）と、全身的な運動を長時間継続して行う呼吸・循環機能の持久力（cardiovascular / respiratory endurance）に、大きく分けられる。 （前橋　明）

■自己肯定感（self-affirmation）

　ありのままの自分を肯定する、または好意的に受け止めることができる感覚のこと。他人と比較するのではなく、そのままの自分を認め、尊重し、自己価値を感じることができる心の状態を指す。 （板口真吾）

■自己有能感（sense of self-competence）

　「自分には○○ができる」といった、自分で自分を有能だと認識する感覚のこと。 （板口真吾）

■施策（a policy）

　（政治家や役人が）実地に行うための計画や対策を立てること。また、その計画や対策をいう。 （前橋　明）

■姿勢教育（posture education）

　正しい姿勢、よい姿勢をとるよう指導する教育のこと。まだ骨格が固まっておらず、癖としても固着していない小学校の低学年期までが適時期である。一度、悪い癖が身につくと、姿勢を矯正していくには時間がかかり、子どもの大きな努力が必要となる。 （前橋　明）

【前橋　明：姿勢と座り方，運動・健康教育研究 7（1），pp.7-14，1997.】

■姿勢の矯正（correction of the posture）

　姿勢の矯正には、装具や固定具を用いる方法と体操によって矯正する方法とがある。装具や固定具を用いる方法は、使用中はからだの一部、あるいは筋の一群の運動を押さえるため、からだの形は整うとしても、機能上の不均衡を残す恐れがあるので、できるかぎり早期に正しい姿勢を習慣化させたい。

　体操による矯正は、小学校低学年期には全身の均整のとれた発育と自由に動くからだづくりをねらってほしい。また、小学校高学年期に入ると、矯正に必要な体操を反復して行わせることが大切である。姿勢をよくする体操としては、背筋や腹筋を強くする体操を主に行わせたい。 （前橋　明）

■自然観察（nature observation）

　野生の植物や動物を観察する活動で、生物多様性への理解を深め、観察力や環境への意識を養うことができる。 （竹田昌平）

■自然公園法（Natural parks act）

　自然公園法とは、日本の優れた自然の風景地を保護し、その利用を増進することにより、国民の保健、休養、教化に資するとともに、生物の多様性の確保に寄与することを目的とする法律である。この法律により、国立公園（環境大臣が指定し、国が管理する、日本を代表する傑出した自然の風景地）、国定公園（国立公園に準ずる自然の風景地で、環境大臣が指定し、都道府県が管理）、都道府県立自然公園（都道府県が指定し、管理する優れた自然の風景地）が指定され、それぞれの公園に関する保護と利用のための規制や事業が定められている。　　　　　　　　　　　　　　　　　　　　　　　　（廣瀬　　団）

■自然体験（nature experience）

　自然体験について、文部科学省[1]は、「自然の中で、自然を活用して行われる各種活動であり、具体的には、キャンプ、ハイキング、スキー、カヌーといった野外活動，動植物や星の観察といった自然・環境学習活動、自然物を使った工作や自然の中での音楽会といった文化・芸術活動などを含んだ総合的な活動」と定義している。自然体験は、キャンプやハイキングといった非日常の体験のみならず、自然の中での散歩や木登り、落ち葉拾い、虫捕り等の日常における体験も含まれる。また、夏の海水浴や冬の雪あそび等、その時々の季節にしか楽しむことのできない自然体験もあることが特徴である。小学校学習指導要領[2]においては、自然体験について、「野外に出掛け地域の自然に親しむ活動や体験的な活動を多く取り入れるとともに、生命を尊重し、自然環境の保全に寄与する態度を養うようにすること」と示されている。　　（門倉洋輔）

【1) 文部科学省：青少年の野外教育の充実について（報告），pp.1-48，1996.】
【2) 文部科学省：小学校学習指導要領，pp.110-111，2017.】

■肢体不自由児（a physically handicapped child）

　四肢（上肢・下肢）、体幹などの機能が不自由な状態にある子ども。

　　　　　　　　　　　　　　　　　　　　　　　　　　　　（前橋　　明）

■肢体不自由児施設（institute for physically handica-pped child）

　長期にわたり、治療訓練を必要とする身体障害をもつ子どもたちが、親から離れて医学的治療を受けるとともに、自立に必要な知識や技能を獲得するた

めに生活する施設である。　　　　　　　　　　　　　　　　（前橋　明）

■しっぽ取り（take the tail and play）

　鬼が子のしっぽを取って減らしていくあそびである。鬼（しっぽを取る）と逃げる子を決める。逃げる子は、しっぽを付けて、鬼はしっぽを取りにいく。子は取られないように逃げる。　　　　　　　　　　　　（菊地貴志）

■しっぽふみ（step on the tail）

　縄跳びを腰に入れて、しっぽをつくり、鬼はしっぽを踏んで取りに行くあそび。しっぽを取られたら、鬼は交代して遊ぶ。　　　　　　（倉上千恵）

■指定管理者制度（designated administrator system）

　公共施設の管理・運営を民間企業や特定非営利活動法人などに代行させることで、多様化する市民ニーズへの効率的・効果的な対応を図り、市民サービスの向上、行政コストの縮減を図ることを目的とした制度。　　（竹田昌平）

■児童（a child, children）

　満18歳に満たない者。満1歳に満たない「乳児」と、満1歳から小学校就学の始期に達するまでの「幼児」、小学校就学の始期から満18歳に達するまでの「少年」に分けている（児童福祉法第4条）。　　　　　　（前橋　明）

■児童委員（commissioned Child Welfare Volunteer）

　児童委員は、児童福祉法に基づいて、市町村の区域に置かれている民間奉仕者であり、担当区域内の子どもたち、および、妊産婦について、保護、保健、その他の福祉に関し、適切な指導や援助を行う。児童相談所や福祉事務所などの行政機関の「児童・母子・知的障がい者の福祉」に関する業務の遂行に協力することを職務としている。すべての民生委員が、児童委員とされている。　　　　　　　　　　　　　　　　　　　　　　　　　　（前橋　明）

■児童家庭福祉（the child home welfare）

　児童だけでなく、児童と家庭を単位にして、健康で文化的な家庭機能の確立を基盤としなければならないと考える概念。　　　　　　　（前橋　明）

■児童館（child welfare residential facility）

　児童遊園と並ぶ児童厚生施設の一種で、主に18歳未満の子どもに対し、健全なあそびを与えて健康を増進させる一方、情操を豊かにすることを目的とす

る施設である。　　　　　　　　　　　　　　　　　　　　　（前橋　明）

■児童館ガイドライン（children's center guidelines）

児童館ガイドライン[1] は、児童館の運営に関する指針や指標、方向性を示した基準であり、地方自治体や関連機関が児童館を適切に管理し、子どもに、安全かつ健全な環境を提供するために、2011 年に策定された。

児童福祉法改正や、子どもの福祉的な課題への対応、子育て支援に対する児童館がもつ機能への期待を踏まえて、2018 年に改正された。　　（門倉洋輔）

【1）厚生労働省：児童館ガイドライン，p.1，2018.】

■児童館の設置運営要綱（Guidelines for establishing and operating a children's center）

児童館の設置運営要綱[1] は、児童館を設置し、運営するための基準や指針を示した要綱である。児童館の設置運営要綱は、地方自治体や関連機関が児童館を適切に管理し、地域の健全育成の拠点としての児童館の計画的な整備がされるように、1990 年に策定された。　　　　　　　　　　　　　（門倉洋輔）

【1）厚生労働省：児童館の設置運営要綱，p.1，1990.】

■児童虐待（child abuse）

親や、親にかわる養育者が、子どもに対して行う心理的・身体的暴行や性的暴行、放置のこと。　　　　　　　　　　　　　　　　　　　（前橋　明）

■児童憲章（the children's Charter）

「日本国憲法の精神にしたがい、児童に対する正しい観念を確立し、すべての児童の幸福をはかる」ことを目的とする規約。「児童福祉法」の精神を、広く国民に理解してもらうための国民的協約であり、法律ではない。「児童は人として尊ばれる」「児童は、社会の一員として重んぜられる」「児童はよい環境の中で育てられる」を三つの柱とする。　　　　　　　　　　　（前橋　明）

■児童権利宣言（Child Declaration of Rights）

「世界人権宣言」を具体化したものであり、国連総会において採択された。「人類は、児童に対し、最善のものを与える義務を負う」としている。

　　　　　　　　　　　　　　　　　　　　　　　　　　　　　（前橋　明）

■児童厚生員（member of child public welfare）

　地域の18歳未満のすべての子どもに、安全なあそび場や学習の場を提供し、その健康の増進と豊かな情操を育む一方、社会関係になじませるために様々な指導を行う。児童厚生員が働く場は、子ども会や母親クラブ等、地域の組織活動の拠点的役割も果たす。　　　　　　　　　　　　　（前橋　明）

■児童厚生施設（child welfare facility）

　児童遊園、児童館など、児童に健全なあそびを与えて、その健康を増進し、または情操をゆたかにすることを目的とする施設のことである。児童福祉法第四十条に規定されている。　　　　　　　　　　　　　　　　（照屋真紀）

■児童指導員（child instructor）

　家庭の事情や障害などのため、児童福祉施設で生活を送っている児童に対し、保護者に代わって、生活指導を行う指導者。子どもたちに対する生活指導計画の立案や会議の運営、内部の連絡・調整、対外的な折衝、ケースワーク等を通じての家庭的援助、子どもの引き取りをめぐる親との面接、児童相談所や学校など、周囲との調整を行う。　　　　　　　　　　　　（前橋　明）

■児童自立支援施設（children's self-reliance support facility）

　不良行為を行ったり、犯すおそれがあり、かつ保護者による看護が適切でない家庭環境などの理由により、生活指導などを要する子どもたちを入所させ、教育と保護を行って、児童の自立を支援する施設である。　　　（前橋　明）

■児童自立支援専門員・児童生活支援員（member of children's self-reliance support specialty, member of child life support）

　児童自立支援施設に入所、保護されている18歳未満の児童を、健全な社会の一員として復帰させるため、親代わりになって、その教育と自立・生活支援を行う。施設で寝食をともにしながら、生活や教育、職業などについて指導し、集団生活に耐えることができるように援助する。　　　　　　（前橋　明）

■児童相談所（child consultation）

　18歳未満の児童を対象に、養育困難、育児に問題がある場合などの相談を受け、適した援助を行う児童福祉の中心的な機関である。各都道府県、指定都市に義務設置されており、専門的な角度から児童や保護者などに対し、調査・

診断・判定を行い、それに基づき、指導や措置を行う。必要に応じ、一時保護も行う。　　　　　　　　　　　　　　　　　　　　　　　　　　　（前橋　明）

■児童発達支援センター（child development support center）

地域の障害のある児童を、日々保護者の下から通所させて、日常生活における基本的動作の指導、自活に必要な知識や技能の付与または集団生活への適応のための訓練を行う地域の中核的な支援機関である。児童福祉法第四十三条に規定されており、福祉サービスを行う「福祉型」と、福祉サービスに併せて治療を行う「医療型」に分けられる。　　　　　　　　　　　（照屋真紀）

■児童福祉法（the Child Welfare Act）

1947（昭和 22）年公布。児童の生活を保障するとともに、心身ともに健やかに育成されることを目的とする児童に関する総合的な法律であり、今日の児童家庭福祉の施策体系の基本。「児童が人として人格を尊重され、健全に育成されなければならないこと」「次代の社会の担い手として、児童の資質の一層の向上が図られなければならないこと」を理念とする。児童の育成の責任は、保護者だけでなく、国や地方公共団体も、ともに負うとされている。

（前橋　明）

■児童遊園（children's playground）

児童遊園は、児童福祉法第 40 条[1]に規定されている、児童に健全なあそびを与えて、その健康を増進し、情操を豊かにすることを目的とする屋外型の児童厚生施設である。　　　　　　　　　　　　　　　　　　　　（門倉洋輔）

【1）厚生労働省：児童福祉法，p.3，2020.】

■児童養護施設（foster home）

保護者がいない、または、いても養育能力がない、登校拒否や家庭内暴力によって養育できない、もしくは虐待を受けている等、家庭環境上の問題を抱えさせられている 1 歳〜 18 歳未満の子どもを預かり、家庭復帰をさせたり、社会的に自立をさせたりする施設である。　　　　　　　　　　　（前橋　明）

■自閉症（autism）

脳の中枢神経系に何らかの機能障害があるために、外からの情報や刺激を適切に処理できない、言語の理解が困難、コミュニケーションがうまくとれな

い、周囲の変化にうまく対応できずに混乱をきたしてしまう（パニックを起こす）、同じような行動を反復する、過敏さやこだわりが強い等の特徴が見られる発達障害。　　　　　　　　　　　　　　　　　　　　　　　　（前橋　明）

■社会性（sociality）

　仲間といっしょに運動することによって養われる対人的認知能力や社会的行動力、規範意識のこと。仲間とともに遊ぶことで、ルールの必要性を知り、周囲への気配りと自己の欲求を調整しながら、運動が楽しめるようになっていく。子どもたちが仲間といっしょに外あそびをする場合、順番を守ったり、みんなと仲良くしたりすることが要求される。また、お互いに守らねばならないルールがあって、子どもなりにその行動規範に従わねばならない。外あそびでは、集団の中での規律を理解するための基本的要素、協力の態度など、社会性の内容が豊富に含まれているため、それらを十分に経験させることによって、社会生活を営むための必要な態度が身についてくる。　　　　　　（前橋　明）

■じゃぶじゃぶ池（park pool）

　じゃぶじゃぶ池は、公園内に設置されているものが多く、夏季になると深さ 20 cm ～ 30 cm 程度の水が貯められ、水あそびができる場所として設置される無料の公園設備である。オムツがとれた未就学児から小学校低学年程度までの子どもを対象とし、じゃぶじゃぶ池には、噴水や小さなウォータースライダー（水の流れているすべり台）があるところもある。利用期間や時間は公園によって異なることや、清掃や点検のために閉めることもあるので、事前に各公園の掲示板やホームページ等で確認が必要である。　　　　　　（廣瀬　団）

■ジャングルジム（jungle gym）

　ジャングルジムは、金属パイプの骨組みやロープ等でできているあそび場で、子どもが登ったり、ぶら下がったり、くぐり抜けたりして遊ぶことができる。枠登り（わくのぼり）とも言われ、のぼる、くぐる、おりる、わたる等して遊ぶと、自然に全身を動かすことになるあそび場である。とくに、登ったり降りたり、高いところにとどまるには、バランス感覚や筋力が必要となる。立体的なジャングルジムの中で遊ぶと、自分のからだの部分（例えば、手・足）がどこにあって、どう動いているのかを認識する身体認識能力や、自分がどこ

にいるのかという空間を認知する空間認知能力も発達していく。　（前橋　明）

■ジャンケンあそび（rock paper scissors game）

　ジャンケンは、3種類の指の出し方（グー・パー・チョキ）で、勝敗を決める日本の遊戯。英語圏の場合、"Rock Paper Scissors"という呼称が使われている。ジャンケンは、2人以上の参加者によって行われる。参加者は向き合って、片腕をからだの前に出す。「ジャン、ケン、ポン」の三拍子のかけ声を発し、「ポン」の発声と同時に「手」を出すゲームである。この「手」の組み合わせによって勝者と敗者を決定する。紙（パー）＞石（グー）：石は紙に包まれてしまう。ハサミ（チョキ）＞紙（パー）：紙はハサミに切られてしまう。石（グー）＞ハサミ（チョキ）：ハサミは石に刃が立たない。勝負が決定しなかった場合を「あいこ」と言い、あいこのときは「あい、こで、しょ」のかけ声を同様に行い、「しょ」で再び「手」を出す。「あいこでしょ」は、勝敗が決定するまで、くり返される。　（前橋　明）

■ジャンケンおいで（rock-paper-scissors, come here a playful invitation）

　2人1組でジャンケンをし、勝ったら、好きな方向に一定距離進み、負けた子に「おいで」と言う。負けた子は、勝った子がいるところまで走り、再度ジャンケンをし、これをくり返して遊ぶ。　（野村卓哉）

■ジャンケン列車（janken train）

　ジャンケンをして勝っていくと列を長くできるあそびである。2人でジャンケンをして、負けた子は勝った子の後ろから、両肩に両手をのせてつながる。次に、対戦相手を探し、先頭同士がジャンケンをして、負けた組（列車）は勝った組（列車）の最後尾の子につながっていく。最後まで勝った子がチャンピオンとなる。　（菊地貴志）

■住区基幹公園（neighborhood residents park）

　徒歩圏内に住む人たちの利用を目的として設置される公園である。住区基幹公園は、その規模などから、街区公園や近隣公園、地区公園の3つに分けられている。　（廣瀬　団）

■**集団あそび**（group play）

　複数の子ども同士で遊ぶこと。3歳児くらいから、2～3人で集団あそびを楽しむことができ、4歳児では5人以上、5、6歳児では10人以上の集団あそびができるようになる。友だち同士で遊ぶことで、相手を思いやり、ルールを守って遊ぶこと、協力してやり遂げる満足感や達成感を身につけることができ、幼児期にとって、非常に大切なあそびである。　　　　　　　（山梨みほ）

■**重症心身障がい児**（serve mentally and physically handi-capped children）

　知的発達の遅れ（知的障害）と肢体不自由が重複し、そのどちらもの程度が重度の状態にある子どもをいう。　　　　　　　　　　　　　（前橋　明）

■**重度障がい児**（serverely disabled children）

　重度の障害の状態にあるために、日常生活をするうえで、常に介護を必要とする者。　　　　　　　　　　　　　　　　　　　　　　　（前橋　明）

■**柔軟性**（flexibility）

　からだの柔らかさのことで、身体をいろいろな方向に曲げたり、伸ばしたりする能力のこと。この能力が優れていると、運動をスムーズに大きく、美しく行うことができる。　　　　　　　　　　　　　　　　　　（前橋　明）

■ **10の姿**（10 figures）

　10の姿とは、正式名称は、「幼児期の終わりまでに育ってほしい姿[1～3]」であり、保育や幼児教育におけるねらいや内容に基づいて、育みたい資質・能力が身についた子どもの具体的な姿である。

　①健康な心とからだ、②自立心、③協同性、④道徳性・規範意識の芽生え、⑤社会生活との関わり、⑥思考力の芽生え、⑦自然との関わり・生命尊重、⑧数量・図形、文字などへの関心・感覚、⑨言葉による伝え合い、⑩豊かな感性と表現の10項目から構成される。幼稚園には「幼稚園教育要領」、保育所には「保育所保育指針」、認定こども園には「幼保連携型認定こども園教育・保育要領」と、それぞれの施設ごとに基本方針をまとめた指針・基準が存在するが、10の姿は、共通の目標として位置づけられている。

　また、保育や幼児教育と小学校教育の円滑な接続を図るために、援助の方

向性を共有することも考慮されている。具体的な例とともに、子どもの育ちの
方向性の目安となることを目的として掲げられている。　　　　（門倉洋輔）

【(1) 文部科学省：幼稚園教育要領，pp.3-5，2017.】
【(2) 厚生労働省：保育所保育指針，p.1，2017.】
【(3) 内閣府・文部科学省・厚生労働省：幼保連携型認定こども園教育・保育要領，p.1，2017.】

■瞬発力（power）

パワー（power）という言葉で用いられ、瞬間的に大きな力を出して運動を
起こす能力をいう。筋力を瞬時に発揮する能力で、短距離を速く走ったり、遠
く・高く跳んだり、物を投げたりする運動やあそびで養成される。（前橋　明）

■障がい児（handicapped child）

心身に障害をもつ児童。20歳未満で、一定の障害の状態にある者。

（前橋　明）

■障害児入所施設（facility for disabled children）

身体に障害のある児童、知的障害のある児童または精神に障害のある児童
（発達障がい児を含む）を入所させて、支援を行うことを目的とする施設であ
る。児童福祉法第四十二条に規定されており、福祉型と医療型に分けられる。
福祉型障害児入所施設は、障害のある児童が入所し、日生生活の指導や自活に
必要な知識技能を身につける施設のことである。医療型障害児入所施設は、障
害のある児童が、日常生活の指導を受けたり、自活に必要な知識技能を身につ
けながら、治療も受けられる施設のことである。　　　　　　　（照屋真紀）

■松果体ホルモン（メラトニン、melatonin）

睡眠を促す働きがある。この松果体ホルモン（メラトニン）の分泌が、健康
な状態では、午前0時頃にピークとなり、脳内温度（深部体温）を低下させる
ので、神経細胞の休養が得られ、ヒトは良好な睡眠がとれるのである。

（前橋　明）

■少子化（declining birthrates, decrease in the number of children）

子どもの数が減少傾向にあることで、出生数と合計特殊出生率を指標にし
て示される。少子化の背景には、晩婚化の進行と夫婦の出生力の低下などがあ
る。　　　　　　　　　　　　　　　　　　　　　　　　　　　（前橋　明）

■情緒（emotion）

　情緒は、単なる生理的な興奮から、快・不快に分化し、それらは、さらに愛情や喜び・怒り・恐れ・しっと等に細かく分かれていく。そして、5歳頃までには、ほとんどすべての情緒が表現されるようになる。このような情緒の発達は、人間関係の交渉を通して形成される。この初期における人間関係の媒介をなすものがあそびであり、中でも、外あそびを媒介として、幼児と親、きょうだい同志、友だち等との人間関係がより強く形成されながら、からだも丈夫になっていく。そして、外あそび実践は、子どもたちが日常生活の中で経験する不安、怒り、恐れ、欲求、不満などを解放する、安全で有効な手段となっていく。
　　　　　　　　　　　　　　　　　　　　　　　　　　　　　（前橋　明）

■小児生活習慣病（children's lifestyle related illness）

　子どもたちに、生活習慣病予備軍がみられるようになり、その増加には、食習慣と運動不足が大きく関与している。食習慣では、動物性脂肪の過剰摂取と過食傾向（間食、夜食など）、および、過保護と放任（孤食、偏食、小食）が問題である。生活が夜型に偏れば、夜食や起床時刻の遅れによる朝食欠食など、食生活の乱れの連鎖が生じる。また、睡眠不足から「疲れ、だるさ」等、疲労症状が増し、運動意欲が著しく低下する。1日1回は、家族揃って食卓を囲むひと時をもつこと、戸外での運動に努める等して、家族の生活を見直してもらいたい。
　　　　　　　　　　　　　　　　　　　　　　　　　　　　　（前橋　明）

■情緒障害／情緒障がい児（an emotionally disturbance, an emotionally disturbed child）

　情緒障害は、人間関係のあつれき等を原因として、感情面に歪みを生じ、その結果、起こってきた行動障害のことで、情緒障がい児は、情緒を適切に表出したり、抑制したりすることができない子ども。
　　　　　　　　　　　　　　　　　　　　　　　　　　　　　（前橋　明）

■触刺激のあそび（play of the most moving passage stimulation）

　風や熱（ドライヤー）、水や湯（シャワー）、風や水の勢いを調節することにより、様々に皮膚への刺激の強さを変化させ、皮膚の触感覚を促進するあそび。水あそび、ボールプール、砂あそび（砂、泥、ボールの代わりに、紙、スポンジ等）、フィンガーペインティング、粘土などの感覚あそびをいう。

（前橋　明）

■助産施設（midwifery facility）

　保健上、必要があるにもかかわらず、経済的理由により、入院助産を受けることのできない妊産婦が希望により入院し、助産を受けることのできる施設のことをいう。児童福祉法第三十六条に規定されている。　　　（照屋真紀）

■自律神経（autonomic nerve）

　自律神経は、内臓や血管、腺などに分布し、生命維持に必要な呼吸、循環、消化吸収、排泄などの機能を無意識のうちに自動調節する。人間が昼に活動し、夜眠るというリズムがあるように、自律神経も日中は交感神経が優位に緊張し、夜眠るときは副交感神経が緊張するというリズムがある。人間の生活リズムが乱れると、自律神経の本来もつ機能が低下し、温度変化に対する適応力、汗せんや体温調節機能がますます低下する。　　　　（前橋　明）

■心育（mental education）

　本来、あそび仲間やガキ大将、お兄ちゃん、お姉ちゃんたちとのかかわりを通して、導かれてきた教えやマナー、伝承あそびをはじめとするあそびの内容や運動の種類・方法も、今日、子どもたちの外あそび経験の場の減少により、伝承の不足を生じている。人とのかかわりの中で育つ、心の育ちのことを、心育と呼んでいる。　　　　　　　　　　　　　　（前橋　明）

■身体活動の効果（effect of the physical activities）

　筋肉は、運動することによって強化される。砂あそびやボール投げ、ぶらんこ・すべり台・ジャングルジム等を利用してのあそびや身体活動は、特別な動機づけの必要もなく、ごく自然のうちに運動となり、筋力をはじめ、呼吸循環機能を高め、身体各部の成長を促進していく。つまり、動くことによって、体力や健康が養われ、それらが増進されると、幼児は、より活動的な運動を好むようになり、同時にからだの発育が促されていく。ただし、発達刺激としての身体活動は、身体的発達を助長するばかりではない。そこから、結果として、情緒的な発達、社会的態度の育成、健康・安全に配慮する能力などを養い、人間形成に役立っていく、必要不可欠で、かつ、極めて重要なものといえる。　　　　　　　　　　　　　　　　　　　　　　　（前橋　明）

■身体認識力（physical cognition, body awareness）

身体部分（手、足、膝、指、頭、背中など）とその動き（筋肉運動的な動き）を理解・認識する力で、自分のからだが、どのように動き、どのような姿勢になっているかを見極める力である。 （前橋　明）

■新体力テスト（New physical fitness test）

文部科学省（旧 文部省）が、昭和39年以来、国民の体力・運動能力の現状を把握するために実施してきた「スポーツテスト」を全面的に見直して、平成11年度の体力・運動能力調査から導入した体力・運動能力テスト。テスト項目は、6〜11歳（小学校）、12〜19歳（青少年）、20歳〜64歳（成人）、65歳〜79歳（高齢者）に区分し、定められている。例えば、6〜11歳のテスト項目には、握力、上体起こし、長座体前屈、反復横とび、20mシャトルラン、50m走、立ち幅とび、ソフトボール投げがある。 （前橋　明）

■心動（the movement of the mind）

様々な事象に触れ、感化を受け、次の活動の源となる心の動き、例として喜怒哀楽をはじめ、興味・好奇心・不快・意欲など、すべての感情。

（佐々木幸枝）

■陣とり（positioning game）

陣とりとは、戦いにおいて、互いの陣地・陣を奪うことをいう。また、子どもたちが二手に分かれ、陣地と決めた場所を互いに奪い合うあそびをいう。つまり、可能な限り、自分、または、自分たちの陣地が広くなるように目指すあそびである。 （前橋　明）

■新・放課後子ども総合プラン（New comprehensive plan for children after school）

共働き家庭を中心に生じる「小1の壁」を打破するとともに、次代を担う人材を育成するため、すべての児童が放課後の時間を安全・安心に過ごし、多様な体験・活動を行うことができるよう、厚生労働省所管の「放課後児童健全育成事業（学童クラブ）」と文部科学省所管の「放課後子ども教室」を一体的、あるいは連携して実施するという総合的な放課後対策事業のこと。（板口真吾）

■ す ■

■随意運動（voluntary movement）

運動は、神経の働きによって、無駄なく上手に行われるように調整されている。大脳の判断によって意識的に行われる運動を随意運動といい、無意識のうちに脳幹や小脳、脊髄などによって行われる運動を反射運動という。実際の運動は、随意運動と反射運動がうまく組み合わさって行われる。　　（前橋　明）

■水分摂取（熱中症予防）（water intake, fluid intake）

幼児は、大人に比べて体内の水分の割合が高いので、汗をかくと、大人より早く脱水になりやすいので、炎天下や夏の室内での運動時には、水筒を持参させるとよい。水筒には、麦茶を入れておくとよい。室内で運動する場合は、風通しを良くする。温度や湿度が高い場合には、熱中症を予防するために、大人より短い間隔で、休養や水分摂取を勧める。幼児の年齢によっては体力が異なるので、2〜3歳児は、4〜6歳児より頻回の休養と水分摂取を促してもらいたい。　　（前橋　明）

■睡眠と活動のリズム（sleep and activity rhythm）

赤ちゃん時代には、「起きて寝て」「寝て起きて」をくり返しながら、トータルでみると、睡眠は少なくとも16時間は取る。そして、だんだん食を進めて体格ができ、太陽が出ている時間帯に動くようになって、体力がついてくる。体力がついてくると、睡眠の部分が減ってくる。そして、成長していくと、昼寝をしなくてもよい、そういう、強いからだができてくる。つまり、脳が発達し体力がついてくると、寝なくてもよい時間が増えてくるのである。逆に、体力が未熟な子どもは、幼児期の後半〜児童期になっても、まだまだ昼寝が必要な子どももいる。やがて、成人をすぎ、高齢になると、体力が弱まってきて、また、複数回眠るという状況になる。そういう生理的なリズムを、ヒトは原始時代から、太陽とつき合って生活する中で築き上げてきたのである。

5歳くらいでは、午後8時くらいには眠れる生理的リズムをもっている。夜間は少なくとも10時間、昼寝を入れると11時間くらいは寝るからだになる。つまり、幼児期から、夜間はだいたい10時間の連続した睡眠が取れるようになってくる。　　（前橋　明）

■スキー（skiing）

　長く平たい 2 本の板をそれぞれの足に装着し、雪の斜面を滑り下るスポーツやあそび。　　　　　　　　　　　　　　　　　　　　　　　　　（竹田昌平）

■スキップ（skip）

　片足で軽く跳ねながら、もう片足を高く上げて交互に進む動作をくり返す運動。　　　　　　　　　　　　　　　　　　　　　　　　　　　　　（竹田昌平）

■スクールソーシャルワーカー（school social worker）

　学校教育の中で、問題解決のためにケースワークやグループワーク、さらには調整や仲介、代弁、連携といったソーシャルワーク的な手法を用いる専門職。　　　　　　　　　　　　　　　　　　　　　　　　　　　　　（前橋　明）

■スケートボード（skateboarding）

　小さな板（デッキ）の下に取り付けられた 4 つの車輪がある乗り物。スケードボードに乗り、足で地面を蹴って加速し、バランスを取りながら、動きや技を楽しむ。近年では、愛好者が増加し、オリンピック競技にも採用されている。実施の際には、安全面への配慮からヘルメットやプロテクターの着用が推奨される。　　　　　　　　　　　　　　　　　　　　　　　　　　（竹田昌平）

■健やか親子 21（Healthy parent and child 21）

　21 世紀の母子保健の取り組みの方向性を提示するものとして、目標値を含めて計画されたものである。これは、少子化対策としての意義に加え、少子・高齢社会における国民の健康づくり運動「健康日本 21」の一環となるものである。　　　　　　　　　　　　　　　　　　　　　　　　　　　　（前橋　明）

■スタートカリキュラム（Start curriculum）

　小学校へ入学した子どもが、幼稚園・保育所・認定こども園などのあそびや生活を通した学びと育ちを基礎として、主体的に自己を発揮し、新しい学校生活を創り出していくことができるよう作成されるカリキュラムのこと。

　　　　　　　　　　　　　　　　　　　　　　　　　　　　　　（板口真吾）

■ストリートカルチャー（street culuture）

　ここでの「ストリート」とは、裏通りや路地裏の意。奴隷貿易と奴隷制度によってアメリカに連れてこられたアフリカ系アメリカ人を中心としたニュー

ヨークの貧困地域の若者たちが、1970年代に音楽、ダンス、ファッション、アートを通してアイデンティティやコミュニティの再構築を目指したサブカルチャーを起源とする概念。また、同じく1970年代にカリフォルニアで生まれたスケート・カルチャーに根ざすカルチャーを指す場合もある。代表的なものは、ヒップホップカルチャーとしてのラップ、DJ、ブレイキン（ブレイクダンス）、グラフィティ（落書き）やスケートボードである。　　　　（石川基子）

■ストリートダンス（street dance）

　音楽に合わせて身体を動かし、ステップや振り付けを楽しむ。ヒップホップやロック、ジャズ、ブレイクダンス等、様々なジャンルがある。

（竹田昌平）

■ストレス（stress）

　外からの刺激によって、体内に発生する正常でない反応。精神的な心配、不安、焦燥、不快などが肉体的な飢餓、傷、過労などと同等に、肉体的にも、精神的にも障害を与えること。　　　　　　　　　　　　　　（前橋　明）

■砂浜（sandy beach）

　砂地になっている海岸のこと。美しい砂でできたエリアで、子どもたちが砂あそびやビーチ体験を楽しむことができる場所にもなる。　　　（野村卓哉）

■砂場（sandpit, sandbox）

　砂場とは、園や学校といった、保育・教育施設、公園（主に児童公園）などに設けられる砂を入れたあそび場（地面に開けられたくぼみに砂を満たしたあそび場）である。また、衝突に際して、砂の粒子の一部が流体となって衝撃を吸収するため、すべり台や鉄棒の着地場所にも設けられている。砂場でのあそびでは、砂を使おうと、手指や手首、肩などをバランスよく動かすため、協応性が身につき、砂で形を造る器用さや、手足や尻などを使って砂を感じ取る身体認識力も身につく。さらに、砂の上を歩いたり、跳んだりすることで、バランス感覚や筋力も鍛えられる。砂場で遊ぶ際には、砂を固めて様々な形を作り出したり、山を作ったり、トンネルを掘ったりすることができる。その際、スコップやバケツを使って遊ぶこともある。また、強度が必要な場合は、水を加えて硬さを高めることもある。砂場は、子どもたちの創造性を発揮する場所と

しても重要である。なお、地面に敷かれた砂に触れるので、遊び終わった際にはよく手を洗うことが重要である。管理があまり行き届いていない施設では、土壌汚染やガラスの破片などの危険物への注意も怠らないようにする必要がある。

（前橋　明）

■スノーボード（snowboarding）

1枚の板を両足に固定し、雪の斜面を滑り下りるスポーツやあそび。

（竹田昌平）

■スピード（speed）

物体の進行する速さをいう。動作や行動の速度、速さを表す外来語。

（前橋　明）

■スプリング遊具（spring rider）

スプリング遊具は、子どもが上に乗って、バネの力を利用して揺り動かしながら遊ぶ遊具である。動物や乗り物を模した本体の下部に、大型のバネが取り付けてあり、上に子どもが乗ってハンドルを握り、上下・前後・左右に揺らして遊ぶ。スプリングタイプは、全方向に揺れるが、スイングタイプは、前後に揺れるように作られている。

（前橋　明）

■すべり台（slider, slide）

固定遊具の一つで、斜めに傾斜した板の高いところから、滑って降りる子ども用の遊戯設備。公園や校庭、園庭に標準的に設置されるすべり台は、シンプルな機能をもっているが、おもしろさがいっぱいある。つまり、すべり台は、高いところから滑り降りる遊戯の台で、すべり台を使って伸ばせる体力は、「姿勢を保つための筋力」「下半身の筋力」「バランス感覚」である。すべり台を安全に滑り降りるには、背すじをしっかり伸ばし、お腹に力を入れてバランスのよい姿勢を保つ必要がある。また、すべり台を滑るには、すべり台の上まで登らないといけないため、これらの一連の運動をすることで、自然に姿勢を保つ筋力、下半身の筋力、バランス感覚などが身についていく。

（前橋　明）

■スラックライン（slacklining）

　2点間に張られた緩い紐の上を歩くバランス運動。集中力とバランス感覚を要し、身体コントロール能力を養うことができる。　　　　　　（竹田昌平）

■　せ　■

■生活習慣病（lifestyle-related disease）

　動脈硬化・心臓病・高血圧症・糖尿病・悪性新生物（ガン）など、不適切な食事、運動不足、喫煙、飲酒などの生活習慣が原因と考えられる病気をいう。1996年に、厚生省（現在の厚生労働省）によって、それまでの「成人病」という呼び方が改められた。　　　　　　　　　　　　　　　（前橋　明）

■生活リズム（life rhythm, daily rhythm）

　人間は、毎日、リズムのある生活をしており、例えば、午前7時に起床して午後9時に就寝するというのが生活のリズムである。朝目覚めて夜眠くなるという生体のリズム、銀行は午前9時に開店して午後3時に閉店するとう社会のリズム、朝の日の出と夕方の日の入りという地球のリズムがある。

　原始の時代においては、地球のリズムが即、社会のリズムであった。その後、文明が進み、職業が分化して、生活のリズムも少しずつ規則正しくなり、食事も1日3食が普通となっていった。さらに、電灯が普及し、活動時間が延びると、社会のリズムが地球のリズムと一致しない部分が増加してきた。活動時間も長くなり、現代では、24時間の勤務体制の仕事が増えて、生活のリズムは、このような社会のリズムの変化に応じて変わってきた。夜間のテレビやビデオ視聴をする子どもや両親の乱れた生活のリズムの影響を受けて夜型生活をして睡眠のリズムが遅くずれている子どもたちは、生活のリズムと生体のリズムが合わないところに、ますます歪みを生じ、心身の健康を損なう原因となっている。　　　　　　　　　　　　　　　　　　　　　　　（前橋　明）

■生物時計（biological rhythm）

　生物の行動のリズムが外環境からの時間の手がかりのない状態でも観察されることより、生物の体内にリズムを作る時計があることを示す。これを生物時計（biological clock）、あるいは体内時計（endogenous clock）と呼び、体

内時計によって表されるリズムが生体リズムであり、生物の表すリズムという観点からは、生物リズム（biological rhythm）という。　　　　　（前橋　明）

■**生体リズム（biorhythm）**

　体内時計によって表されたリズムを生体リズムというが、生体リズムの種類には、24 時間よりやや短い周期の生体リズムを表すサーカディアンリズム（circadian rhythm、概日リズム）や、ほぼ 1 年の周期をもった生体の活動リズムであるサーカニュアルリズム（circannual rhythm、概年リズム）等がある。また、1 日の周期をもったリズムで、外環境に対する受け身の反応も含む場合を日周リズム（diurnal rhythm）と呼ぶ。そして、日周リズムを表す生体機能が、1 日のうちに示す変動を日内変動と呼んでいる。　　　　　（前橋　明）

■**成長発達（growth and development）**

　からだや心が年齢や経験を通じて育ち、より完全な状態になる（近づく）こと。身体の成長・発達とは異なり、心の成長・発達は、成熟度、到達度としては示しにくいと思われる。1 つの例として、スイスの心理学者ピアジェ（Piaget. j）は、発達段階として 0 〜 2 歳を感覚運動期、2 〜 7 歳を前操作期、7 〜 11 歳を具体的操作期、11 〜 12 歳以降を形式的操作期と示し、発達を行動の科学ととらえたとされる。　　　　　（佐々木幸枝）

【参考】こどもまなび・ラボの HP：保育用語辞典，ミネルヴァ書房，p.407，2010.

■**セラピスト（a therapist）**

　精神障害や行動障害などの治療技法の訓練をつんだ専門家である。

　　　　　（前橋　明）

■**セロトニン（serotonin）**

　脳内神経伝達物質。愛情や幸福感をつかさどる伝達物質であり、このセロトニンが多く出ていると、幸福感が感じられるのである。児童虐待をしている母親は、脳のセロトニン量が少ない。このセロトニンが足りないと、「キレる」「授業中に走り回る」という問題行動も起こりやすくなると考えられている。

　　　　　（前橋　明）

■センス・オブ・ワンダー（sense of wonder）

　センス・オブ・ワンダー[1]は、生物学者で作家のレイチェル・カーソンによって提唱された心理的感覚を表す概念であり、子どもが生まれながらにもっている「神秘さや不思議さに目を見張る感性」を指す。　　　　　　　（門倉洋輔）

【1）レイチェル・カーソン著　上遠恵子訳：センス・オブ・ワンダー，新潮社，1996.】

■　そ　■

■総合公園（general park）

　都市基幹公園の1つで、都市住民全般の休息、観賞、散歩、遊戯、運動など、総合的な利用に供することを目的とする公園で都市規模に応じ1箇所当たり面積10 〜 50 haを標準として設置されている。　　　　　　　（廣瀬　団）

■ソーシャルワーク（social work）

　調査・診断・サービス・評価を繰り返し進めていく社会福祉の方法で、ワーカーはクライエントが問題解決をするのに側面的に援助する。（前橋　明）

■外あそび推進（promotion of outdoor play）

　子どもたちの健全な成長を目指すために、外あそびを推進することを指し、その体制の基盤づくりとして、包括的ガイドブックの作成、外あそびをサポートする人材の養成・確保、外あそびの重要性とデジタルデバイスの適度な利用、空間整備として、校庭開放利用の促進、園庭利用の促進、公園利用の促進、新たなあそびの環境整備、意識改革として、地域に根付いた意識改革（行政、親子、地域住民、保育士、教育者）を目指す取り組みのことが含まれる。

　　　　　　　　　　　　　　　　　　　　　　　　　　　　　　（前橋　明）

■外あそび推進の考え方（the idea of promoting outdoor play）

　すべての子どもたちが身近な場所で、外あそびのできる環境づくりを目指していくこと。子どもたちの心身の状態が、生理的にも最もウォーミングアップができて、動きやすくなった放課後の時間帯にしっかり外で遊ぶことは、子どもたちの大脳や自律神経の働きを促進し、健全な成長の上で、最も効果的である。自発的、自主的に展開される外あそびで、子どもたちに心とからだの動きをしっかり体験させること、言い換えれば、外あそびで、多様なあそびや動

きの体験を通して、子どもたちが心を動かし、感動を得て、学んだことの生活化を図っていくことを願っている。　　　　　　　　　　　（前橋　明）

■**外あそびの効能**（effects of playing outside）

　太陽光を浴びながらの外あそびは、子どもの体内時計を整え、睡眠不足を解消し、生活リズムの問題を改善する突破口となる。健全な生活リズムと外あそびの実践は、自律神経の発達を促し、体調・情緒安定させる。　（前橋　明）

■**そりあそび**（sledding）

　雪が積もったときに、そりに乗って斜面を滑り降りるあそび。　（竹田昌平）

■ **た** ■

■**ターザンロープ**（zipline）

　ターザンロープとは、離れた2つの台にワイヤーが固定され、滑車に吊るされた太いロープにしがみついてその間を滑り降りる遊具である。（前橋　明）

■**体温異常**（temperature abnormality）

　睡眠不足や運動不足、朝食の欠食・夜食の摂取、朝の排便のなさ、冷暖房に頼りすぎの生活などが原因で、自律神経の調節が適切に行われなくなり、その結果、体温が低すぎたり、高すぎたり、1日の変動が2℃近くであったりする体温の異常な現象。　　　　　　　　　　　　　　　　　（前橋　明）

■**体温測定**（the temperature measurement）

　水銀体温計は、測定時間が10分かかるが、測定値は正確である。電子体温計は、1、2分で測定できるので、簡便であるが、ほとんどが予測式なので、水銀体温計に比べて、多少誤差を生じやすい。なお、腋窩で正確に測定するためには、体温計をはさんで、腋窩をぴったりつけておくように説明すること。また、腋窩に汗をかいていると体温が低く測定されてしまうので、汗を拭き取ってから測定する。体調不良の可能性があるときは、体温を測定することをすすめる。幼児は、体温調節中枢が未熟なため、運動や環境温度により、体温が変動しやすいので、運動時の環境調整と、こまめに着衣を調節させることが必要である。　　　　　　　　　　　　　　　　　　　　　（前橋　明）

■体温調節（temperature control）

　生後 3 日間ぐらいは比較的高温の時期が見られ、漸次下降して 100 日を過ぎると、およそ 37℃から、それ以下となり、約 120 日ぐらいで体温は安定する。そして、2 歳〜 3 歳頃より、体温に生理的な日内変動がみられてくる。そして、個人差はあるが、3 歳頃になると、多くの子どもは体温調節がうまくなって、その後、集団での活動や教育に参加しやすくなる。　　　　（前橋　明）

■体温リズム（temperature rhythm）

　日常生活では、体温は一般に午前 3 時頃の夜中に最も低くなり、昼の午後 4 時頃に最高となる一定のサイクルが築かれる。このような日内変動は、ヒトが長い年月をかけて獲得した生体リズムの 1 つである。例えば、午後 4 時前後の放課後の時間帯は、最も動きやすい時間帯（子どものゴールデンタイム）なのである。　　　　　　　　　　　　　　　　　　　　　　　　　（前橋　明）

■体調確認（physical condition confirmation）

　運動開始時を中心に、一人ひとりのからだの調子や機嫌、元気さ、食欲の有無などを確認することであり、気になるときは、体温を測定するとよい。また、運動中に発現した異常についても、早期に発見することが大切である。子どもは、よほどひどくないかぎり、自分から体調の不調や疲れを訴えてくることはまれにしかないので、指導者は常に気を配り、言葉かけをしながら、表情や動きの様子を観察して判断する。　　　　　　　　　　　　　　（前橋　明）

■太陽（sun）

　地球に熱と光を与えて万物を育てるもの。空を照らす大きな光と温かさを提供し、屋外での元気いっぱいのあそびを支えるものである。　　　（野村卓哉）

■体力（physical fitness）

　体力とは、人間が存在し、活動していくために必要な身体的能力である。このような意味での体力は、大きく 2 つの側面に分けられる。一つは、健康をおびやかす外界の刺激に打ち勝って健康を維持していくための能力で、病気に対する抵抗力、暑さや寒さに対する適応力（温度調節機能）、病原菌に対する免疫などがその内容であり、防衛体力と呼ばれる。もう一つは、作業やスポーツ等の運動をするときに必要とされる能力で、積極的に身体を働かせる能

力であり、行動体力と呼ぶ。つまり、体力とは、種々のストレスに対する抵抗力としての防衛体力と、積極的に活動するための行動体力を総合した能力であるといえる。 （前橋　明）

■たか鬼（high tag）

通常の鬼あそびのルールに、高い所にいれば、鬼に捕まらないというルールを追加したあそび。鬼よりも高い位置にいる限り、鬼に捕まることはないが、1か所の高いところには、規定の時間しかいられない。または、その規定の時間（例えば、10秒）が経過するまでに、低所にいったん下りた後、他の高いところに移動しなければならない。また、高い所にいても鬼が10秒数えれば、登れるようになり、それより先に逃げるというルールもある。なお、あまりにも高い場所は、危険を生じるため避けるべきと申し合わせがなされる。

（前橋　明）

■高這い（high crawl）

膝をつけずに足の裏と手のひらでハイハイすること。 （照屋真紀）

■宝取り（get four）

4人で行う宝取りあそび。4人が四角形に広がって立ち、それぞれの足元には2つの宝（マーカーや、枝、石など、転がっていかないもの）を置き、中央に2つ置く。スタートの合図で相手の宝を取りに行き、最初に4つ揃った子の勝ち。マーカーを運べるのは、1回につき1つずつ。 （倉上千恵）

■竹馬（stilts）

竹馬（たけうま）とは、2本の竹竿の適当な高さの所にそれぞれ足掛かりをつけ、それに乗って歩くようにしたもの。近年では、耐久性や高さの調整といった観点から、アルミ製で軽量の竹馬が主流となっている。 （廣瀬　団）

■凧揚げ（kite flying）

紙や布を骨組みに貼り付けて作られた凧を、風を利用して糸で操りながら空に揚げるあそび。 （竹田昌平）

■助け鬼（help from demon）

子が捕まっても、仲間に助けられて再び逃げることができるという鬼あそびである。広い場所で大勢で行うダイナミックなあそびで、ストーリー性のあ

るスリリングな設定もあるあそびである。　　　　　　　　　　（前橋　明）

■WBGT（Wet Bulb Globe Temperature）

　暑さ指数のこと。熱中症を予防することを目的として、1954 年にアメリカ
で提案された指標。暑さ指数（WBGT）が 28（厳重警戒）を超えると、熱中
症患者が著しく増加する。28 〜 31 の場合は、激しい運動や持久走など、体温
が上昇しやすい運動は避ける。31 以上の場合は、特別の場合以外は、運動を
中止する。　　　　　　　　　　　　　　　　　　　　　　（板口真吾）

■多文化共生（multicultural coexistence）

　異なる文化背景をもつ人々が互いに理解し、尊重しながら共に生きる社会
を目指す考え方。　　　　　　　　　　　　　　　　　　　（竹田昌平）

■多目的トイレ（multipurpose toilet）

　多目的トイレとは、一般的なトイレと比較して、様々な人々のニーズに対
応できるように設計されたトイレのことである。身体的障害や病気、高齢者、
赤ちゃんや幼児、性別による差異など、様々な人々のトイレ利用に配慮された
設備や設計がされている。

　多目的トイレには、バリアフリー対応の手すりや手すりの位置調整機能が
あり、車イス利用者がトイレに入ることができるように扉やスペースが広く設
計されたり、子ども用の便座やおむつ交換台が備えられていたりする。また、
多目的トイレは男女別になっていないことが多く、性別による利用の制限がな
いという特徴もある。　　　　　　　　　　　　　　　　　（廣瀬　団）

■だるまさんが転んだ（the daruma fell down）

　だるまさんが転んだは、日本の伝統的な子どものあそびである。鬼を 1 人
決めて、子は鬼から離れて並ぶ。鬼は壁や木を向いて目を伏せて「だるまさん
が転んだ」と大きな声で言う。その間に、子は鬼に近づいていく。鬼が言って
ふり返ったときに動いている子がいた場合、その子は鬼と手をつなぐ。これを
くり返す。子が鬼に近づいていき、鬼につかまっている子の手を切ると、子た
ちは一斉に逃げる。鬼が 10 数えたら、子は止まる。鬼は、大股 10 歩で跳び
ながら子を捕まえていき、捕まった子の中から次の鬼を決める。　（菊地貴志）

■探索活動（exploratory activity）

　愛着形成の基礎が主に育まれると言われる 3 歳未満の時期に、様々な人やものに興味・関心をもち、そのものにふさわしい動きや働きに触れたり、感じたりして認知能力の発達や語彙の習得が見られる。これらのくり返しにより認識につながる行為と考えられる。3 歳以上の幼児期では、心情・意欲・態度の発達において、重要な活動であり、一人ひとりの感覚や心の動きにより、視点や目的が変わり、思考の広がりとともに常に変化していくと考えられる。

（佐々木幸枝）

■ ち ■

■地域子育て支援センター（local child care support center）

　エンゼルプランのひとつ、緊急保育対策等 5 か年事業の一環として、地域住民を対象に、育児に対する不安についての相談・助言を行い、地域の子育てにかかわる各種サークルへの支援などを行う相談支援機関である。（前橋　明）

■地区公園（district park）

　住区基幹公園の 1 つで、主として徒歩圏内に居住する者の利用に供することを目的とする公園で、半径 1 km 以内の住民が利用することを目的とし、公園の敷地面積は 4 ha（東京ドーム約 1 個分）が標準とされる。住区基幹公園の中では、一番規模が大きいものである。　　　　　　　　　　（廣瀬　団）

■知覚運動スキル（perceptual motor skills）

　知覚した情報を受けとめ、理解・解釈し、それに適した反応を示す技術で、身体認識、空間認知、平衡性、手と目・足と目の協応性の能力を促進させる。

（前橋　明）

■知的障がい児（mentally-handicapped child）

　おおむね知能指数 75 以下で、脳に何らかの障害を有しているために知的機能が未発達で、精神的な面や学習能力、社会生活への適応などが困難な状態であり、何らかの特別の支援を必要とする状況にある児童。知的指数 25 ないし 20 以下を「重度」、知能指数 25 〜 50 を「中度」、知能指数 50 〜 70 を「軽度」と分類している。　　　　　　　　　　　　　　　　　　　　　　　（前橋　明）

■知的障がい児施設（institution for mentally retarded chirldren）

　18歳未満の知的障がい児のうち、障害の程度により、または、家庭において保護指導することが適切でない場合、親から離れて、子どもが生活する施設である。　　　　　　　　　　　　　　　　　　　　　　　　　（前橋　明）

■知的発達（intellectual development）

　自己と外界との区別を知り、自分と接する人々の態度を識別し、物の性質やその扱い方を学習していく発達を指す。また、対象物を正しく知覚・認識する働きや異同を弁別する力などの知的学習能力、また、運動遊具や自然物をどのように用いるかを工夫するときの思考力、様々な運動遊具を用いる運動によって、その遊具の使い方やあそび方、物の意義、形、大きさ、色、そして、構造などを認識し、学習していく知的面の発達のこと。　　　　　（前橋　明）

■注意欠陥多動性障害（ADHD, attention deficit hyperactivity disorder）

　衝動性・抑制機能の欠如を基本に考え、付随して多動性や注意欠陥があるとされている。集中力に欠け、衝動的で、落ち着きがない等の症状がみられる。俗に、「多動症」「ハイパーアクティブ」とも呼ばれている。　（前橋　明）

■調整力（coordination）

　調整力とは、運動をバランスよく（平衡性）、すばやく（敏捷性）、巧み（巧緻性）に行う能力である。つまり、運動を正確に行う力であり、いろいろ異なった動きを総合して目的とする動きを、正確に、かつ円滑に、効率よく遂行する能力をいう。しばしば協応性とも呼ばれることがあり、平衡性や敏捷性、巧緻性などの体力要素と相関性が高い。　　　　　　　　　　　（前橋　明）

■ つ ■

■築山（artificial hill）

　築山は、石や土を積み上げ、人工的に築き上げた小山のことである。子どもたちは、登ったり、かけ下りたりしながら、体力を身につけることができる。また、季節の変化や自然の美しさを感じることができる場所としても利用される。　　　　　　　　　　　　　　　　　　　　　　　　（廣瀬　団）

■伝い歩き（walking along）

　赤ちゃんがテーブルや壁などにつかまり立ちをした状態から、支えていた手を動かし、足を横に移動させる動作のこと。　　　　　　（照屋真紀）

■土（soil）

　地球の表面を構成する岩石が分解して粉末状になったもの。土壌。土は、掘ったり、植物を育てたりするのに最適であり、触れることで楽しい自然の素材にもなる。　　　　　　　　　　　　　　　　　　　　　（野村卓哉）

■土ダンゴづくり（mud dumpling making）

　土を手でこねて丸いダンゴを作るあそび。　　　　　　　　（竹田昌平）

■釣り（fishing）

　海や湖、川などで、魚やザリガニ等の生物を釣り上げる活動。一般的には、釣り糸に針と餌やルアーを付けた釣り竿を使用するが、ザリガニは、糸と餌だけでもつりあげられる。　　　　　　　　　　　　　　　（竹田昌平）

■ツリーハウス（tree house）

　木の上に建てられた小屋で、冒険やあそびの場所として利用される。

　　　　　　　　　　　　　　　　　　　　　　　　　　　（竹田昌平）

■ て ■

■手あそび（playing with hands）

　歌のリズムや歌詞の内容に合わせて、手指の動きで楽しむあそびのこと。

　　　　　　　　　　　　　　　　　　　　　　　　　　　（照屋真紀）

■手洗い（hand washing）

　流水により、石鹸を用いて手を洗うことは、様々な感染症予防の基本となる。子どもの年齢や発達段階に応じて、手洗いの介助を行うことや適切な手洗いをすることが感染予防に、非常に有効である。外あそびから帰った時、食事前、排泄後など、必ず手洗いを行う。　　　　　　　　　　　（山梨みほ）

【こども家庭庁成育局保育政策課：保育所等における新型コロナウイルスへの対応にかかるQ&Aについて（第二十一報），pp.5-8，2023，https://www.cfa.go.jp/policies/hoiku/.】

■低体温（hypothermia）

　腋下で 36℃ を下まわる体温を低体温と呼び、37℃ を超えると高体温とする。

（前橋　明）

■デイケア（day care）

　日中、1 日を通して乳幼児や障がい児などを預かる事業をさす。（前橋　明）

■ティーボール（teeball）

　ティーボールは、野球に似たスポーツで、幼児や小学生を対象に考えられたスポーツである。プレイヤーは、投手がいない状態で、バッティングティーと呼ばれる台の上に置かれたボールを打つ。止まっているボールを打つために、誰でも手軽に打つ楽しさを味わうことができる。また、ストライクしかないため、打球を内・外野へ頻繁に打つことができる。野球より扱いが簡単であることや安全性の面から、近年では、小学校の授業でも多く取り入れられている。

（廣瀬　団）

■手押し相撲（hand push sumo）

　手押し相撲は、力比べを楽しむ日本の伝統的なあそびの一つである。2 人が向かい合って立ち、両手を合わせて相手の手を押し合う。勝負の決着は、相手を後ろに押し出すか、からだを倒させることで行われる。（菊地貴志）

■手つなぎ鬼（hold hands tag）

　鬼が手をつないで、子を追いかける鬼ごっこのこと。鬼に捕まったら、手をつないで鬼の仲間になり、鬼は、4 人組になったら 2 人ずつに分かれて、捕まえにいく。最後に残った子がチャンピオンとなる。（倉上千恵）

■鉄棒（iron bar / pull-up bars）

　園庭や運動場に設置された鉄の棒である。その鉄棒にぶら下がったり、からだを支えたり、難しい技に挑戦したりすることで、腕の筋力もバランス感覚も、身体認識力も伸ばせる。子どもが小さいうちは、ただぶら下がるだけの動作から、逆上がり、足掛け上がり等、子どもの成長にあわせてあそび方も変えられるため、成長を実感しながら運動能力を伸ばせる。（前橋　明）

■伝承あそび（traditional play）

　メンコ、お手玉、まりつき、あやとり、おはじき、ゴム跳び、はないちもんめ等、子どもたちが作り出したあそびで、子どもたちによって伝え続けられてきたあそびを伝承あそびという。子ども集団は、異年齢の子どもたちが混じり合って構成され、年長の子が年下の子にあそび方を教え、教えられた子がまた年少の子に教えて、自然にあそびの伝承が行われてきた。　　　（前橋　明）

■テント（tent）

　布やシートで作られ、仮設的に設置することができ、日除けや宿泊用の施設、休息の場として使用される。　　　　　　　　　　　　　（竹田昌平）

■田楽（dengaku）

　田や稲作に関連した芸能の総称。その種類には、田あそび（当年の豊作を祈願する予祝の行事）、田植神事や囃子田（実際の田植え時に演じられる行事）、田楽踊り（稲作に関連した本来の芸能がより芸能化した踊り）、田植踊り（稲作作業を舞踊化した行事）等がある。　　　　　　　　　　　（石川基子）

■　と　■

■トイレ用ベビーチェア（toilet baby chair）

　トイレ用ベビーチェアは、乳幼児を連れた方がトイレを利用する際に、乳幼児が同じトイレの個室内において座ることのできるイスである。生後5ヵ月から2歳半までの座位がとれる乳幼児が対象である。　　　　　（廣瀬　団）

■統合保育（all-abilities integrated education）

　幼稚園や保育所において、障がい児を健常児の集団で保育することをいう。障がい児だけを集めて指導することを分離保育という。　　　　（前橋　明）

■道路（road）

　交通のために作られた通路で、歩行者が安全に移動するためのものである。

　　　　　　　　　　　　　　　　　　　　　　　　　　　　　（野村卓哉）

■とおりゃんせ（You may go in, you may enter）

　2人の子どもが向かい合って立ち、両手をつないで挙げて関所をつくり、他の子どもたちが列になって、この手の下をくぐっていく。この間、「とお

りゃんせ」を歌い、歌の終わりで、両手を挙げていた子どもらがさっと手を下ろす。ちょうどそこにいきあたった子どもがつかまって関所役の子どもと交代するあそび。　　　　　　　　　　　　　　　　　　　　　　　　（前橋　明）

■ドーンジャンケン（Boom! janken）

　2チームがジャンケンをしながら相手の陣地を取り合うあそび。2チームに分かれる。1本の線をかき、その両端に各チームが並ぶ。スタートの合図で先頭の子が出ていき、お互いが向かい合ったとき、手を合わせて「ドーン、ジャンケンポン」の声かけでジャンケンをする。勝った方は前に進み、負けた方は列の後ろに戻り、次の子がスタートする。相手の陣地まで先にたどり着いた方が勝ち。　　　　　　　　　　　　　　　　　　　　　　（菊地貴志）

■登山（mountain climbing）

　山頂を目指し、山を登ることを目的としている。登山道を足で登ることだけでなく、鎖場やはしご等、手を使って登ったり、ロープやハーネス等の専門的な装具を利用して登ることも登山に含まれる。歩行レベルは、ハイキングやトレッキングに比べて高い。　　　　　　　　　　　　　　　　　（石川基子）

■都市基幹公園（city dwellers park）

　その都市全域に住む人たちの利用を目的として設置される公園である。規模と目的に応じて、総合公園と運動公園の2つに分けられる。　　　（廣瀬　団）

■都市公園法（Urban parks act）

　都市公園法とは、日本の都市公園の設置および管理に関する基準を定める法律である。この法律は、都市公園の健全な発達を促し、公共の福祉の増進に寄与することを目的としている。都市公園法には、公園の定義、設置、管理、立体都市公園、監督、雑則、罰則などが含まれており、公園施設の設置基準や管理基準なども規定されている。　　　　　　　　　　　　　　　（廣瀬　団）

■都市緑地法（Urban green space conservation act）

　都市緑地法とは、日本の都市部における緑地の保全と緑化を推進するための法律で、都市環境の質を高め、健康で文化的な都市生活を確保することを目的とされている。内容は、緑地の保全（緑地保全地域や特別緑地保全地区の指定を通じて、貴重な緑地を保護）、緑化の推進（緑化地域の指定や緑化率規制

を設け、建築物の敷地内における緑地面積の確保）、市民参加（市民緑地契約や緑地協定を通じて、住民が緑地の保全に積極的に関与することを奨励）などを通じて、都市における緑地が適切に確保されるように定められた。この都市緑地法は、都市公園法や自然公園法など、他の環境関連法律と連携して、都市の自然的環境の整備を図るための法的枠組みの1つである。　　　　　（廣瀬　団）

■ドッジボール（dodgeball）

中央のラインで2つに分けられたプレイエリアに2チームが分かれて入り、1つのボールを投げ合い、相手チームの選手にボールを当てることを目指す。ボールに当たるとアウトとなり、プレイエリア外に出なければならない。終了後にプレイエリア内の人数が多い方の勝ちとなる。　　　　　（竹田昌平）

■ドッヂビー（Dodgebee）

フリスビーとドッジボールを組み合わせたあそび。ルールはドッジボールと同じだが、ボールではなく、フリスビーのようにディスクを投げて、相手に当てる。ディスクは当たっても痛くないように柔らかい素材でできている。なお、ドッジボールと区別するため、「ドッジビー」ではなく「ドッヂビー」が種目名称として使われている。　　　　　（廣瀬　団）

■徒歩通園（going to kindergarten on foot）

保育園や幼稚園などの園への通園方法の一つとして、保護者同伴による親子通園、幼稚園教諭の引率による集団通園などが、その方法の一つとして利用されている。朝の徒歩通園は、徒歩による運動刺激により脳の目覚め、体温の上昇を促進させ、日中の運動量の増加や集中力や意欲の向上を助長させることができる。　　　　　（前橋　明）

■トラウマ（trauma）

トラウマとは、様々なショッキングな出来事に出会う・経験することによってできた心の傷であり、その傷が時がたっても癒されることなく、現在もなお生々しく存在しているもの。　　　　　（前橋　明）

■トレジャーハント（treasure hunt）

地図や手がかりを元に宝を探すあそび。探究心や論理的思考力を養うことができる。　　　　　（竹田昌平）

■トレッキング（trekking）

　語源は、移動や旅行といった意味をもつ「trek」で山登りを指すが、山の中を散策して自然を楽しむことを目的としているため、必ずしも山頂を目指すわけではない。歩行レベルは、ハイキングと登山の間である。　　　（石川基子）

■泥あそび（mud play）

　泥だんごや泥の彫刻をつくる等、泥を使って遊ぶ活動。　　　（竹田昌平）

■泥団子あそび（mud ball play）

　泥団子は、土や砂を水でこねて丸めた団子のこと。子どもたちが遊ぶときに使うことが多く、転がしたりして楽しむことができる。泥団子あそびは、創造力を育むだけでなく、作る過程において、友だちとの協力を促すためのあそびである。　　　（菊地貴志）

■トンネル（tunnel）

　土や砂、雪などでつくられたくぐり抜けのできる構造物。　　　（竹田昌平）

■　な　■

■縄跳び（jump rope）

　両手に持った縄を回転させながら、縄を跳び越える運動。ジャンプに合わせて縄を回すか、縄の回しに合わせてジャンプするかによるが、いずれにしてもリズム感覚を養うことができる。縄を使ったあそびで人気があるものでは、「郵便屋さん」や「大縄跳び」等、回転している縄を跳び越える運動がある。縄跳びは全身運動であり、あそびだけでなく、体力の向上の材料として、保育や教育の現場においても幅広く活用されている。前方に向かって縄を回す「前跳び」、後方に向かって縄を回す「後ろ跳び」、1回跳んで、1回縄を交差する「あやとび」や、交差した状態で跳ぶ「交差跳び」、1回のジャンプで2回縄を回転させる「2重跳び」等がある。　　　（前橋　明）

■ に ■

■にがり（magnesium chloride）

　にがり（塩化マグネシウム）は、グラウンドに撒くことによって、土や砂、埃の飛散を防ぐために使用される。また、塩化カルシウムが使用されることもある。　　　　　　　　　　　　　　　　　　　　　　　　　　　（竹田昌平）

■日内変動（diurnal variation, daily variation）

　日周リズムを表す生体機能が、1日のうちに示す変動。　　　（前橋　明）

■日周リズム（diurnal rhythm）

　1日の周期をもったリズムのこと。外環境に対する受け身の反応も含む。

（前橋　明）

■乳児（an infant, a baby）

　生後から1歳未満の子ども。もしくは、保健上により必要な場合は、おおむね2歳未満の幼児も含まれる。　　　　　　　　　　　　　　（前橋　明）

■乳児院（a nursery）

　母親の疾病や入院、離婚、家出、死亡などにより、養育が不可能、または、両親がいても養育能力がない、虐待や養育拒否、遺棄等の問題下にある1歳未満の乳児（もしくは、保健上、必要な場合は、おおむね2歳未満の幼児）を預かり、親に代わって養育する。　　　　　　　　　　　　　　（前橋　明）

■乳児の運動機能発達（the development of the exercise of baby function）

　乳児期に起こる、四肢の動き、頭部の支え、座位の確保、這う、直立、歩行といった運動機能面の発達のこと。乳児の身体運動は、四肢の動きに始まり、少したって、頸の動き、頸の筋肉の力が発達して頭部を支え、7～8か月頃になると、座ることができ、平衡感覚が備わってくる。続いて、手・脚の協調性が生まれるとともに、手や脚、腰の筋力の発達によって、身体を支えることができるようになり、這うようになる。這う機能が発達してくると、平衡感覚もいっそう発達して、直立、歩行を開始する。これらの発達は、個人差があるものの、生後1年2～3か月のうちに、この経過をたどる。　　（前橋　明）

■人間形成（human formation）

　人が人として関わったり、他の人間とともに何らかの関わりをもちながら社会を構成し、何らかに寄与することが期待されたり、次第に必要な人として成っていくこと。　　　　　　　　　　　　　　　　（佐々木幸枝）

■認知スキル（cognitive skills）

　一般的には、テストの点数やIQといった数値で表すことのできる能力のこと。一方、「非認知スキル」とは、忍耐力やコミュニケーション能力など、数値では測れない能力のことをいう。　　　　　　　　　　（板口真吾）

■ ぬ ■

■ぬきておよぎ（swimming in the open air）

　日本古来の泳法の一つで、水をかいた手を水面から抜き出すようにして前方へ返す泳ぎ方。　　　　　　　　　　　　　　　　　　　（前橋　明）

■ ね ■

■ねこぐるま（wheelbarrow）

　土や砂などを運ぶ手押し車に見立てて、一人が両手をついて車になり、もう一人が車になった子の足前をもって押すあそび。　　　　（前橋　明）

■熱中症（heatstroke）

　体温が上がり、体内の水分や塩分のバランスが崩れたり、体温の調節機能が働かなくなったりして、体温の上昇やめまい、けいれん、頭痛などの様々な症状を起こす病気のこと。子どもの熱中症が疑われる場合は、①涼しい環境に移す、②脱衣と冷却をする、③水分と塩分を補給する、の3つの応急処置を行うとよい。　　　　　　　　　　　　　　　　　　　　（板口真吾）

■熱中症警戒アラート（Heat stroke warning alert）

　熱中症の危険性が極めて高くなると予測された際に、危険な暑さへの注意を呼びかけ、熱中症予防行動を促すための情報のことをいう。熱中症警戒アラートが発表されたら、不要不急の外出を避けたり、エアコンや扇風機などが設置されていない屋内外での運動は原則中止または延期したりしよう。

（板口真吾）

■ネットクライマー（net climber）
多数のロープやネットを組み合わせて作られた遊具。　　　（竹田昌平）

■ の ■

■野あそび（playing in the fields）
自然の広い平地である野に出て遊ぶこと。野で狩りをすること。（前橋　明）

■脳内ホルモン（hormone in the brain）
　脳内に分泌されるホルモンのこと。一例として、夜中には、眠るための松果体ホルモン（メラトニン）が出され、朝には活動に備え、元気や意欲を引き出すホルモン（コルチゾールやβ－エンドルフィン等）が脳内に分泌されなければ、眠ることや元気に活動することはできない。これらのホルモンの分泌時間のリズムや量が乱れると、脳の温度の調節もできず、時差ぼけと同じような症状を訴え、何をするにしてもまったく意欲がわかなくなる。健康な状態では、睡眠を促すメラトニンの分泌が、午前0時頃にピークとなり、脳内温度（深部体温）が低下する。したがって、神経細胞の休養が得られ、子どもたちは、良好な睡眠がとれる。　　　　　　　　　　　　　　　（前橋　明）

■登り棒（はん登棒）（climbing freme）
　登り棒（はん登棒）は、直立した金属製の棒の先に横向きの棒が取り付けられており、棒につかまって登ったり、下りたりすることを楽しむ固定遊具である。この登り棒で遊ぶことで、バランス感覚、腕力、脚力、協応性を身につけることができる。上から滑り降りる場合は、下に人がいないかを確認してから降りるようにすることが大切である。　　　　　　　　　　　（廣瀬　団）

■ は ■

■パークマネジメント（park management）
　公園や緑地などの公共の屋外空間を計画的かつ継続的に管理・運営するためのマネジメント手法であり、美観の維持や設備の整備、利用者の安全の確保、イベントの企画・実施など、公園の機能を充実させる。　　　（竹田昌平）

■Park-PFI（Park-Private Finance Initiative）

　公園に飲食店や売店などの施設を設置・運営する民間事業者を公募し、民間資金を活用し公園利用者の利便の向上、公園管理者の財政負担の軽減を目指す制度。　　　　　　　　　　　　　　　　　　　　　　　　（竹田昌平）

■バードウォッチング（bird watching）

　野鳥の観察を楽しむ活動。鳥類の種類や生態について学び、自然への親しみを深めることができる。　　　　　　　　　　　　　　　　　（竹田昌平）

■バイオレットライト（violet light）

　太陽光に含まれる、紫外線の手前にあたる波長が360 ～ 400 ナノメートルの光を指す。可視光の中では一番波長が短く、紫色をしている。　（板口真吾）

■ハイキング（hiking）

　歩きながら風景や自然を楽しむことを目的とした、気軽な散策。散策場所は、山に限定されてはいない。ハイキングルートは、木道や標高差が少ない整備された道が敷かれて歩きやすくなっていることが多く、歩行レベルは、トレッキングや登山に比べて低い。　　　　　　　　　　　　　　（石川基子）

■廃用性萎縮（disuse atrophy）

　からだを動かさず、筋肉を使わないために、筋肉が細くなり、力も弱くなること。逆に、筋肉は運動することによって強化される。砂あそびやボール投げ、ぶらんこ・すべり台・ジャングルジム等を利用しての外あそびは、特別な動機づけの必要もなく、ごく自然のうちに筋力をはじめ、呼吸循環機能を高め、身体各部の成長を促進していく。　　　　　　　　　　　　　（前橋　明）

■ハザード（hazard）

　ハザードとは、遊具の挑戦的要素とは関係のないところで発生する危険のことである。ハザードには、物的ハザードと人的ハザードの2種類がある。物的ハザードとは、遊具にできた不用意な隙間に、からだの部位が挟まってしまうといった、遊具の設計に問題がある危険である。人的ハザードとは、遊具使用時に、ふざけて押し合ったり、絡みやすい紐のついた手袋や靴を履いたりする等して、遊具の使用の方法に問題がある場合である。

　これらの危険は、子どもたちのあそびの中では、予測のできない危険であ

り、遊具の設計者や管理者、保護者などの大人が注意して未然に防ぐ必要がある。 （前橋　明）

■バスケットボール（basketball）

　長方形のコートの両端に設置されたバスケット（ゴール）にボールを入れることで得点できる。ボールを持っているプレイヤーが動くときには、ボールをバウンドさせながら移動（ドリブル）する必要がある。攻撃の際は、ドリブルやパスを駆使し、ゴールへつなげることを目指し、守備の際は、ゴールを防ぐための動きが求められる。 （竹田昌平）

■8の字縄引き（tug of war）

　互いが縄の端を持って、縄を揺らして輪をつくり、2つの輪（8の字）ができたら、綱引きをする縄あそび。 （倉上千恵）

■発育（growth）

　「発育」とは、身長や体重といった身体の形態的変化（増大）をいう。

（前橋　明）

■発達（development）

　「発達」とは、筋力や瞬発力が高まったというような心身の機能的変化（拡大）をいう。発達には、一定の法則がある。例えば、人間の身体の機能は、栄養を与えれば、ある程度の発育や発達はするが、使わなければ萎縮（機能低下）していく。また、使い過ぎれば、かえって機能障害を起こす恐れがある。したがって、正しく使えば発達する。 （前橋　明）

■はないちもんめ（Hana Ichi Monme）

　はないちもんめ（花一匁）は、子どものあそびのひとつで、2組に分かれて、歌を歌いながら歩き、メンバーのやりとりをする。値段が銀一匁の花を買う際に、値段をまけて悲しい売り手側と、安く買ってうれしい買い手側の様子が歌われている。①それぞれの組は、手をつないで一列に並んで向かい合う。②前回、勝った組から「か〜ってうれしいはないちもんめ」と、歌の一節を歌いだす。歌っている組は前に進み、相手の組はあとずさりする。はないちもんめの「め」の部分で片足を蹴り上げる。③今度は負けた組が、「まけ〜てくやしいはないちもんめ」と歌って、前に進む。④その後に、「タンス長持 あの子が欲し

い あの子じゃわからん 相談しましょ そうしましょ」と歌の一節を交互に歌いながら前後に歩く。⑤歌が終わると、それぞれの組で相談して、相手の組から誰をこちらの組にもらうかを決める。決まった組は「き〜まった」と叫ぶ。⑥それぞれの組は手をつないで一列に並んで向かい合い「××ちゃんが欲しい」と、前に進みながらもらいたい相手を披露し合う。⑦双方の代表者がじゃんけんを行い、勝った組の主張どおりにメンバーがもらわれていく。⑧片方の組からメンバーがいなくなれば終了。続ける場合には1にもどる。　　　（前橋　明）

■バナナ鬼（banana tag）

　鬼に捕まった子はバナナに変身する鬼ごっこ。鬼に捕まった子は、両手をあげて手のひらを合わせてバナナのポーズをする。まわりの子はバナナの皮をむくようにバナナになっている子を助けながら楽しむ鬼ごっこ。　（菊地貴志）

■羽根つき（shuttlecock）

　ムクロジの種子に羽根をつけたものを羽子と呼び、この羽子を羽子板と呼ばれる木製の道具で打つ。参加者は、羽根を落とさないように協力しながら打ち合うことを楽しむ。　　　　　　　　　　　　　　　　（竹田昌平）

■腹這い（crawling）

　腹を地につけて這うこと。　　　　　　　　　　　　　　　（前橋　明）

■バランス運動（balance movement）

　床や平均台などで、触れている所に対して、重心を重ねる運動であり、立った姿勢で片足を上げて片足立ちをしたり、バランスボールに座ったりして姿勢の安定を図る運動。　　　　　　　　　　　　　　　　（前橋　明）

■ ひ ■

■BMI（body Mass Index）

　国際的に使われている体格を判定する指数。主に成人の肥満の判定に使用されている。計算方法は世界共通だが、肥満の判定基準は国によって異なり、WHO（世界保健機構）の基準では30以上を肥満としている。日本では、日本肥満学会の定めた基準により判定されている。標準体重（理想体重）は、もっとも疾病の少ないBMI 22を基準として、BMI 35以上を高度肥満と定義

している。なお、内臓脂肪の蓄積は必ずしもBMIと相関しないため、メタボリックシンドロームの診断基準には盛りこまれていないが、メタボリックシンドローム予備軍を拾い上げる意味で特定健診・特定保健指導の基準にはBMIが採用されている。BMI＝体重（kg）÷身長（m）^{2}　　　　　　　（石川基子）

■ピクニック（picnic）

　美しい自然の中や公園などの開放的な場所で、友人や家族などと食事や外あそびを楽しむ活動。自然を楽しみながら、日常生活から離れてリフレッシュするための手段としても効果的であり、同じ場所でも季節によって、変化を楽しむことができる。　　　　　　　　　　　　　　　　　　　　（竹田昌平）

■一人あそび（solitary play）

　幼児期の子どもが、他の子どもたちと関わることなく一人で遊んでいる状態のこと。パーテン（Parten, M.B., 1902-1970 年）の対人関係の発達段階に基づくあそびの分類の１つである。　　　　　　　　　　　　　　（照屋真紀）

■ひとり親家庭（single parent family）

　死別・離別などにより、配偶者のいない者が、児童を扶養している家庭のこと。　　　　　　　　　　　　　　　　　　　　　　　　　　（照屋真紀）

■非認知スキル（non-cognitive skills）

　忍耐力やコミュニケーション能力など、数値では測れない能力のことをいう。一方、テストの点数やIQといった数値で表すことのできる能力のことを「認知スキル」という。　　　　　　　　　　　　　　　　　（板口真吾）

■肥満（obesity）

　肥満とは、身体を構成する成分の中で脂肪組織が過剰に蓄積した状態をいう。ただ単に体重が増加しているのではなく、からだの脂肪が異常に増加した状態である。肥満の原因の中心は、生まれつき（遺伝）の体質であるが、これに運動不足と過栄養が主で起こるのである。　　　　　　　　（前橋　明）

■肥満とやせ（obesity and thinner）

　身長別標準体重に対して、120％以上の体重がある子どもを「肥満傾向児」、80％以下の体重の子どもを「痩身傾向児」としている。「肥満」は、高脂血症や糖尿病などの生活習慣病の危険性を高くする。肥満の原因の第一にあげられ

るのが、運動不足であるため、生活の中に運動を取り入れ、思いっきりからだを動かして、体力をつけながら太らないように気をつけてもらいたい。また、肥満児には、早食いであまり噛まない傾向があるため、食事の量や内容、食べ方を改善していく必要がある。「やせ」は、肥満に比べ、健康でプラスの価値観があると考えられがちだが、実は、将来、「骨粗しょう症」「生理不順」「老化促進」になるリスクが高い。健康な一生を送るためのからだづくりのためには、幼児期から運動しながら、バランスよく栄養をとることが大切である。

（前橋　明）

■病児保育（illness child childcare）

　病気に罹患している子どもの保育。保育所に入所している乳幼児が病気の回復期にあり、保護者による家庭での育児が困難な場合、乳児院や病院に併設されたデイサービス施設で預かり、保育するもの。　　　　　　（前橋　明）

■敏捷性（agility）

　刺激に対して速やかに反応したり、身体の位置変換や方向転換を素早く行ったりする能力のこと。　　　　　　　　　　　　　　　（板口真吾）

■　ふ　■

■ファミリーサポートセンター事業（family support center business）

　1994年に、労働省（現、厚生労働省）が、就労と育児の両立を目的として、はじめた事業。　　　　　　　　　　　　　　　　　　　（前橋　明）

■フィールド・アスレチック（field athletic）

　自然の地形や木立などを利用し、登り板、丸太渡り、はしご登り、ぶら下がりロープ等の障害物や道具類を配置し、それらを次々に通過して、身体的な運動と自然と人間との調和を目的に考え出されたスポーツ的な活動をいう。または、そのコースのことをさす。フィールド・アスレチックの遊具は、自然の素材を自然に近い形態で残しながら、体育活動の目的に添うように設計されている。自然素材は暖かさや柔らかさがあり、子どもの心身の発達に与える効果に期待が寄せられている。

（前橋　明）

■ブーメラン（boomerang）

　投げると元の位置に戻ってくるように設計された曲がった棒。　（竹田昌平）

■フープ（hoop）

　プラスティック製で輪状の遊具で、輪の中に入った子が腰やからだの部分などを振って回転させる遊具。直径が約 40 cmのものから直径約 90 cmのものがある。フラダンスのように、腰を動かしてフープを回すため「フラフープ」と言われることもあるが、フラフープは登録商標のため、フープというのが一般的である。あそびだけでなく、運動やエクササイズとしても利用され、幅広い年齢の人に利用されている。　（廣瀬　団）

■風流（furyu）

　除災や死者供養、豊作祈願、雨乞い等、安寧な暮らしを願い趣向を凝らすこと。大掛かりで派手な山車や華美で奇抜な衣裳、天まで届きそうな大がかりな造形物をもしいた芸能の総称でもある。風流踊りの一つとして盆踊りが挙げられる。有名な祭りとしては、京都の祇園祭、東京の神田祭、大阪の天神祭り等がある。　（石川基子）

■部活動の地域移行（regional transfer of school club activities）

　学校教育の一環として行われてきた運動部活動は、教師らの指導の下、スポーツに興味・関心のある生徒が参加し、生徒の体力や技能の向上、異年齢との交流、生徒同士や生徒と教師らとの好ましい人間関係の構築、自己肯定感・責任感・連帯感の涵養など、生徒の多様な学びの場、および活躍の場を担ってきた。しかし、少子化の進展や教師の負担の増大などの課題が増える中で、従来の部活動の運営体制の維持が難しくなってきたことにより、生徒が将来にわたりスポーツ・文化芸術活動に継続して楽しむことができる機会を確保するために、「地域の子どもたちは、学校を含めた地域で育てる」という意識の下、部活動を学校単位から地域単位へと移行していく国の取り組み。スポーツ庁は、2018 年に策定した「学校部活動及び新たな地域クラブ活動の在り方等に関する総合的なガイドライン」を 2023 年に全面的に改訂し、学校部活動が、地域、学校、競技種などに応じた多様な形で最適に実施されることを目指している。　（石川基子）

■ふやし鬼（increase tag）

鬼にタッチされた子も鬼になって、鬼がどんどん増えていく鬼ごっこ。全員が鬼になったら終了する。　　　　　　　　　　　　　　　　　　（菊地貴志）

■冬の運動の意義（significance of winter exercise）

寒い中、外で遊ぶことや運動することの意義を考えてみると、①冬は気温が低いため、たくさん運動しても汗をかきにくく、疲労しにくい。したがって、夏場よりも運動量を確保しやすい。②冬の外あそびで、気温が低い外の空気に触れると、からだは、体温を逃がさないように鳥肌を立てる。このことは、からだの恒常性を保つ自律神経の働きを活発にすることにつながる。③気温が低いと血管は収縮するので、心臓には負荷が大きくなる。つまり、血液を送り出すために、心臓もしっかり活動しなくてはならない。④外あそびをすることで適度な疲労があると、熟睡のための効果がある。⑤外あそびの種類としては、からだが暖まって、ある程度の時間は継続できる全身運動的なあそびがよい。例えば、鬼ごっこ、かけっこ、ボールあそび、なわとび、少し長い距離の散歩あそび等が挙げられる。したがって、寒い時期こそ、外でからだをしっかり動かして外あそびに熱中することは、子どもたちのからだの発育や発達にとって、大変良い刺激となる。　　　　　　　　　　　　　　　　　　（前橋　明）

■フライングディスク（flying disc）

平らで円盤状の投げる玩具であり、その形状よって空中での安定した飛行を実現する。参加者が互いに向かい合って投げることやキャッチすることを楽しむ。また、frisbee（フリスビー）は商品名である。　　　　　　　（竹田昌平）

■ブランコ（swing）

吊り下げた2本のつなに横板を渡し、横板に乗り、からだを使って前後に揺り動かして遊ぶ子どもの運動具。座っても立っても遊べる。揺動系遊具のブランコは、時代を超えて多くの子どもたちに親しまれてきた遊具である。また、楽しさばかりではなく、最近の子どもたちが弱くなっているバランス感覚の育成や、様々な動作の習得に有用な運動機能を高める。

公園や保育園、幼稚園、こども園などの園庭、小学校の運動場などに備え付けられていることが多い。2本の鎖で座板を支柱から吊り下げる構造をもつ

最も一般的なものを、一方向ブランコとして類型化されることがある。座板の材質・形状については、木製の板状のもの、金属製のイス状のもの、ゴムやポリウレタン製で腰まですっぽり入るバケツ型のもの等がある。つまり、ブランコは、子どもがイスに座りながら地面を蹴り、振り子のように動いて遊ぶ。地面を蹴るだけでなく、腕と足、腰をタイミングよく、いっしょに動かして遊ぶため、からだの複数の部位をうまく使う力と平衡感覚が求められ、全身を使った運動ができる。　　　　　　　　　　　　　　　　　　　　　　　（前橋　明）

■ふれあい体操（contact physical exercises, communication gymnastics）

　親と子、保育者と子ども、子ども同士がコミュニケーションやスキンシップを楽しむ体操。　　　　　　　　　　　　　　　　　　　　　　（照屋真紀）

■ブレイキン（Breakin'）

　起源は、1970年代初頭のニューヨーク・サウスブロンクス地区の貧困地帯。ギャングの抗争で多くの命が奪われている中、武力による解決を避けた若者たちがダンスバトルによる平和的な解決を行ったことがはじまり。ブレイキンを踊るダンサーを"Bボーイ""Bガール"と呼ぶ。"Bボーイ"や"Bガール"のようにオーバーサイズのパーカーやデニム等、全体的にダボっとしたシルエットのファッションスタイルを"B系ファッション"という。ダンサーがオーバーサイズの服を着ていた理由は、貧困層の子どもや若者がサイズアウトすることなく長く服を着るために、オーバーサイズを選んでいたことに由来する。ブレイキンの語源は、曲の間に入る間奏の部分（Break Beats）で歌が休みになり、ダンスで盛り上がっていたことから、Break Beatsで踊るダンス、つまりBreakin'となった。　　　　　　　　　　　　　　　　　（石川基子）

■プレイセラピー（遊戯療法）（play thrapy）

　あそびの中で、子どもが自由に自己発散や不安の解消、ポジティブな人間関係を体験する効用を利用した心理療法。　　　　　　　　　　　（前橋　明）

■プレイパーク（play park）

　幼少児期の子どもには、「自由で豊かなあそびや多様な経験」が必要である。しかし、現代の子どもの生活を取り巻くあそび環境は、多様性に乏しく、自由度の少ない憂慮すべきものとなっている。そこで、子どもたちのもつ「何かし

てみたい」という興味や意欲を実現させるために、「禁止事項」をつくらず、土、水、木、石、火などの自然や道具・工具を使って、思い思いに遊ぶことのできる遊び場をプレイパークという。　　　　　　　　　　　　　　　（前橋　明）

■プレイリーダー（play leader）

　プレイパーク（冒険あそび場）にて、子どもたちが生き生きと遊べる環境をつくったり、子どものやる気を引き出したりする大人である。「あそびの指導者」としてではなく、「年上の友だち」のような存在として、子どもに最も近い立場の大人である。その役割には、あそび環境のデザインをすること、人と人とをつなぐこと、子どもの気持ちの代弁者となること、大人の価値観から子どものあそびの自由を守ること等、多岐にわたる。　　　　　（石川基子）

■ へ ■

■平均台（balance beam）

　平均台は、高さ 30 cm ほどの 2 本の支柱の上に板を乗せて作られている。この板の上を歩いたり、バランスを取ったりして遊ぶ。子どもたちが、平均台を使ったあそびの中で、登ったり、渡ったり、またいだりすることで、バランス感覚や集中力を身につけることができる遊具である。　　　（廣瀬　団）

■平行あそび（parallel play）

　同じ場所にいる複数の幼児が、似たようなあそびをしながらも、相互に関わりをもたない状況のこと。子どもたちは、それぞれ独立して遊んでいる。パーテン（Parten, M.B., 1902-1970 年）の対人関係の発達段階に基づくあそびの分類の 1 つである。　　　　　　　　　　　　　　　（照屋真紀）

■ペグ（peg）

　テントや工作物を地面に固定するための釘や杭。　　　　（竹田昌平）

■へらし鬼（reduced tag）

　鬼が子を捕まえて、どんどん子を減らしていく鬼ごっこ。子がだれもいなくなるか、決めた時間内まで行って勝敗を決める。子がいなくなれば鬼の勝ち。　　　　　　　　　　　　　　　　　　　　　　　　　（菊地貴志）

■ヘルスプロモーション（health promotion）

　保健・医療・福祉のみならず、すべての分野が参画して、健康づくりに関する人々のニーズの施策化を図る実践的取り組みである。　　　　　（前橋　明）

■ ほ ■

■保育（childcare）

　保育所における保育とは、養護と教育が一体となって、豊かな人間性をもった子どもを育成することである。　　　　　　　　　　　　（佐々木幸枝）

【出典】厚生労働省編：保育所保育指針，フレーベル館，2018.

■保育教諭（nursery teacher）

　保育教諭[1]とは、幼保連携型認定こども園に勤務し、保育士資格と幼稚園教諭免許状の両方をもっている職員の呼称である。幼保連携型認定こども園は、保育と幼児教育とを一体的に提供する施設であるため、保育士資格と幼稚園教諭免許状の両方の免許・資格を有することを原則としている。　　（門倉洋輔）

【1）文部科学省：幼保連携型認定こども園と保育教諭，p.1，2018.】

■保育士（childcare person, preschool teacher, nursery school teacher）

　家庭での保育に欠ける乳幼児の世話を、親に代わって行う保育の専門家。基本的生活習慣を身につけさせたり、子どもの健全な育成と豊かな人格形成を手助けしたりする。また、保護者に対し、育児指導を行う。児童福祉法に基づく資格である。　　　　　　　　　　　　　　　　　　　　　　（前橋　明）

■保育指針（childcare guidelines）

　保育所保育指針は、保育所保育の基本となる考え方や保育のねらい、および内容など、保育の実施に関わる事項と、これに関連する運営に関する事項について定めたものである。また、保育所保育は、本来的には、各保育所における保育の理念や目標に基づき、子どもや保護者の状況、および地域の実情などを踏まえて行われるものであり、その内容については、各保育所の独自性や創意工夫が尊重されるが、一定の保育の水準を保ち、さらなる向上の基点となるよう、保育所保育指針において、すべての保育所が拠るべき保育の基本的事項が定められている。全国の保育所においては、この保育所保育指針に基づき、

子どもの健康や安全を確保しつつ、子どもの一日の生活や発達過程を見通し、それぞれの保育の内容を組織的・計画的に構成して、保育を実施することになる。保育所にとどまらず、小規模保育や家庭的保育などの地域型保育事業、および認可外保育施設においても、保育所保育指針の内容に準じて保育を行うことが定められている。（2018 年 4 月 1 日から適用）　　　　（佐々木幸枝）

【出典】厚生労働省編：保育所保育指針解説，フレーベル館，p.2，2018.

■保育所（nursery school, pre-school）

　保護者の仕事や病気などのため、家庭で保育が困難な 0 歳から就学前までの子どもを預かり、基本的生活習慣を身につけさせたり、健康管理に努めたり等、健全な育成と豊かな人格形成の手助けをする施設である。　　　（前橋　明）

■放課後児童クラブ運営指針（after-school childcare administration guideline）

　放課後児童クラブ運営指針[1] は、2015 年に、厚生労働省により、放課後児童健全育成事業（学童保育事業）の事業者（運営主体）及び実践者向けに策定された指針である。国として、学童保育に関する運営や設備について記載されている。第 1 章から第 7 章までの構成で、学童保育における育成支援の内容や運営に関する留意すべき事項などを網羅的に記載し、運営していく上での基本的な事項を定めている。各学童保育は、この運営指針を踏まえ、それぞれの実態に応じて創意工夫を図り、質の向上と機能の充実に努めていくことが求められる。外あそびに関しては、「屋内外ともに子どもが過ごす空間や時間に配慮し、発達段階にふさわしい遊びと生活の環境をつくる」と示されている。

（門倉洋輔）

【1）厚生労働省：放課後児童クラブ運営指針，pp.1-18，2015.】

■放課後子ども教室（after school children's classroom）

　小学校の施設を活用し、地域の大人の参画を得て、子どもたちに安全で安心な活動場所を提供する放課後対策事業。子どもたちの自主的な活動（学習・あそび等）を通して、相互の関係を広げ、豊かな放課後の居場所づくりを推進することを目的としている。　　　　　　　　　　　　　　（板口真吾）

■放課後子ども教室推進事業（after-school children's classroom promotion project）

　放課後子ども教室推進事業[1]は、放課後や週末などに、主に小学校の余裕教室を活用し、子どもたちの安全・安心な活動拠点（居場所）を設け、地域の方々の参画を得て、学習活動やスポーツ・文化芸術活動、地域住民との交流活動などの取り組みを実施することにより、子どもたちの社会性、自主性、創造性などの豊かな人間性を涵養するとともに、地域の子どもたちと大人の積極的な参画・交流による地域コミュニティの充実を図る事業である。この取り組みは、厚生労働省の留守家庭児童を対象とする「放課後児童健全育成事業」と連携した、総合的な放課後対策として、2007 年から実施されている。費用負担については、事業実施経費について国が1／3、都道府県が1／3、市町村が1／3を負担する補助事業である（政令指定都市・中核市は国1／3、市2／3）。本事業の主な対象者は小学生であるが、地域の子ども全般を対象としているものであり、幼児、児童、生徒の一部のみに制限するものではない。

（門倉洋輔）

【1）文部科学省：重要対象分野に関する評価書，pp.17-22，2008.】

■傍観的行動（onlooker play）

　他の子どものあそびの様子を眺めたり、口出ししたりするが、あそびそのものには参加しようとしない行動のこと。パーテン（Parten, M.B., 1902-1970年）が、幼児期の子どもがあそびでみられる発達段階を6つに分類したうちの一つ。

（照屋真紀）

■冒険あそび場（adventure playgrounds）

　1943 年にデンマークにつくられた「エンドラップ廃材あそび場」に端を発し、ヨーロッパ各地を中心に広がった。禁止事項をなくし、「自分の責任で自由に遊ぶ」ことを大切にしている。日本には、1970 年代に初めて紹介された。

　→ プレイパーク参照。

（石川基子）

■ボール（ball）

　球技を行う際に使用する球体のもの。競技や種目によって、形や大きさ、重さ、硬さが様々である。　　　　　　　　　　　　　　　　　　（対馬広一）

■ボールあそび（ball play）

　ボールを使うあそびで、ボールを転がしたり、投げたり、捕ったり、蹴ったりして楽しむあそびのこと。ボールつきのように1人で遊ぶものから、サッカーやドッジボール等のように複数人で行うあそびもある。　（対馬広一）

■保健所（public health center）

　公衆衛生行政の第一線機関であり、児童福祉に関しても、母子保健や身体障がい児などの福祉の分野においても、大きく寄与している。「児童福祉」関係業務の主なものは、①児童および妊産婦の保健について、正しい知識の普及を図る、②未熟児に対する訪問指導や医療の援護を行う、③身体に障害のある児童の療育について指導を行う、④疾病により、長期にわたる療養が必要な児童の療育について、指導を行う、⑤児童福祉施設に対し、栄養の改善、その他、衛生に関し、必要な助言を行うことである。母子保健の窓口機関として、種々の相談や指導を行っている。　　　　　　　　　　　　　（前橋　明）

■保健センター（health center）

　市町村における地域保健対策の拠点として、住民に対し、健康相談や保健指導、健康診査、その他、地域保健に関する必要な事業を行う。「児童福祉」関係業務の主なものは、①妊産婦、乳幼児に対する保健指導、②妊産婦、乳幼児に対する訪問指導、③妊産婦健康診査、④1歳6カ月児健康診査、3歳児健康診査などの乳幼児健康診査である。　　　　　　　　　　　　　（前橋　明）

■星空観察（stargazing）

　夜空に輝く星々を見上げる活動。宇宙や天文学への関心を高めることができる。　　　　　　　　　　　　　　　　　　　　　　　　　（竹田昌平）

■母子家庭（a fatherless family）

　配偶者のいない女子と、この者が扶養する20歳未満の児童との家庭である。　　　　　　　　　　　　　　　　　　　　　　　　　　　　　（前橋　明）

■母子推進委員（mother and child promotion committee）

　市町村長の委嘱を受け、地域における母子保健の推進向上のために活動している者。各種健康診査の受診勧奨をはじめ、早期妊娠届の勧奨、各種母子保健施策の紹介、家庭訪問などを通して、行政と住民のパイプ役として活動するボランティア団体。　　　　　　　　　　　　　　　　　　（照屋真紀）

■母子生活支援施設（mother and child life support facility）

　配偶者のない女子またはこれに準ずる事情にある女子およびその者の監護すべき児童を入所させて、これらの者を保護するとともに、これらの者の自立の促進のためにその生活を支援し、あわせて退所した者について相談や、その他の援助を行う施設のことである。児童福祉法第三十八条に規定されている。
　　　　　　　　　　　　　　　　　　　　　　　　　　　　　（照屋真紀）

■歩数（the number of walking steps）

　歩数計を用い、日中の歩数を計測し、運動量にあたる身体活動量をみる。まず、歩数計を０にセットし、ズボンのふちや左腰の位置（腹部側面）に取りつけて計測する。　　　　　　　　　　　　　　　　　　　　（前橋　明）

■母性行動（愛）（maternal behavior）

　生殖・妊娠を支える時期には、卵胞ホルモン（エストロゲン）、黄体ホルモン（プロゲステロン）、プロラクチン、オキシトシン等のホルモンが母性行動の発現を促進するので、妊娠期間中の母性意識は、ホルモン・内分泌系によって発現・維持されているという。それが、産後は、神経系のコントロールに置き換わって母性行動となる。つまり、母親が児に母乳を与えながら、世話をすることによって、自然な形で、神経学的機構に基づいて「母性の維持」がなされる。出生直後から、乳児といっしょに過ごすことができれば、授乳による吸綴刺激を受けて、母親の母性行動が発現し、そして、母子相互作用により、母性行動が円滑に確立・維持されていく。　　　　　　　　（前橋　明）

■ホッピング（Pogo stick）

　ホッピング遊具とは、先端にスプリングが付いた棒状の遊具で、ハンドルと足場がついている。バランスを取りながら飛び跳ねて遊ぶことができ、上下に跳ぶだけでなく、前に進んだり、後ろに進んだりと、遊びながらバランス感

覚を育てることができる遊具である。　　　　　　　　　　　　　　（廣瀬　団）

■盆踊り（bon dance）

　日本の盆の時期に先祖を供養する行事、またはその行事内で行われる踊り。起源については諸説あるが、文献に最初に登場するのは室町時代といわれている。一説には、平安中期に空也上人が始め、鎌倉時代に一遍上人が全国に広めた念仏踊りが仏教の盂蘭盆会と結びつき、精霊を迎え死者を供養するための行事として定着していったといわれている。現在では、娯楽的な要素が強く、地域交流の機能的役割を果たしている。日本三大盆踊りは、秋田の「西馬音内の盆踊り（にしもないのぼんおどり）」、岐阜の「郡上踊り」、徳島の「阿波踊り」である。近年は、民謡を使用した炭坑節、花笠音頭、八木節、歌謡曲を使用した東京五輪音頭、東村山音頭、東京音頭、アニメソングを使用したドラえもん音頭、アンパンマン音頭、しんちゃん音頭などが老若男女問わず親しまれている。　　　　　　　　　　　　　　　　　　　　　　　　　　　　（石川基子）

■ ま ■

■マスク着用（wearing a mask）

　人体の顔の一部を覆う物である。マスク着用の効果とは、会話や咳の際に自分の感染性の粒子を飛ばさないようにすることや、周囲の感染性粒子を吸い込むことを防ぎ、感染症の防止することである。幼児のマスク着用については、一律に着用を求めることをせず、一人ひとりの発達の状況や体調を踏まえる必要がある。屋外の保育、プール活動や水あそび、午睡の際には、マスクを外すようにする。　　　　　　　　　　　　　　　　　　　　　（山梨みほ）

【厚生労働省：マスク着用の有効性に関する科学的知見．p1．2023．https://www.mhlw.go.jp/
　　content/10900000/001055263.pdf.】

■間抜け現象（Phenomenon lacking Ma）

　「三間（サンマ）」の1要素でも喪失した状態（前橋　明（2003）。間抜け現象に陥ってしまうと、子どもたちは、運動して、エネルギーを発散し、情緒の解放を図ることができない。今日、この「間抜け現象」が進行する中で、気になることは、子どもたちの大脳（前頭葉）の働きが弱くなっているということ

である。鬼ごっこで、友だちから追いかけられて必死に逃げたり、木からすべり落ちそうになって一生懸命に対応策を試みることによって、子どもたちの交感神経は高まっていくが、今日ではそのような、安全な外あそび環境の中での架空の緊急事態がなかったり、予防的に危険そうなあそびは制止され過ぎて、発育発達上、大切な大脳の興奮と抑制体験が、子ども時代にしっかりもてなくなっている。

（前橋　明）

■ み ■

■水あそび（dabbling in water）

水の中でのあそびで、水をかき混ぜたり、たたいたり、足をバシャバシャさせたり、物を浮かべたり、沈めたりして、楽しむあそびである。また、水中で支えたり、沈まずに浮いていたり、身体を推進させて調整できるようにさせると水泳へとつながっていく。水中で動きを連続できるようになると、さらに、水中でからだがどのように動くかを理解できるようになっていく。

（前橋　明）

■湖（lake）

周囲を陸地に囲まれ、水のたまっているところをいう。静かな水面が広がり、ボートに乗ったり、岸辺でピクニックを楽しんだりするあそびができる。

（野村卓哉）

■水たまり（puddle）

水のたまっている所。雨の後にできる小さな水たまりで、子どもたちが飛び跳ねたり、小舟を浮かべたりする楽しいあそびが展開されることもある。

（野村卓哉）

■水鉄砲（water gun）

水を弾として発射する玩具。主にプラスティック製で、内部に水を満たし、トリガーを引くか本体を圧縮することで水を勢いよく噴射する。　（竹田昌平）

■道あそび（play on the road）

誰もが通る身近なみち（道路、参道、商店街、路地）での、地域の子どもたちがつながるあそび。

（前橋　明）

■脈拍（the pulse）

　脈拍は、血液が心臓から押し出されることによって、動脈に周期的に起こる運動のこと。幼児は、心臓が小さく、心筋も弱く、1回拍出量が少ないため、心臓からの拍出数（脈拍数）は多くなる。1分間の脈拍数は、大人では60～80回／分であるが、幼児では80～120回／分である。脈拍の測定は、橈骨動脈、頸動脈など、動脈が皮膚の表面を走っている部位に、第2～4指の3本の指先をあてて行う。　　　　　　　　　　　　　　　　　　　　（前橋　明）

■　む　■

■虫捕り（insect catching）

　虫捕りは、昆虫を捕まえることである。飼育や観察、食用、収集、研究などを主な目的とする。「昆虫採集」ともいう。「虫取り」とも表記するが、駆除や排除を目的とする場合、これを用いられることがある。昆虫は、既知種だけで100万種以上いるため、捕まえる方法は種類によって様々である。一般的な例として、手や捕虫網で捕まえる方法や木に熟した果物を吊るし、臭いにつられて集まってきた昆虫を捕まえる方法などがある。虫捕りに関して、小学校学習指導要領解説[1]の3年生の目標および内容において、「昆虫の卵や幼虫を探し、それらを飼育し観察したり、植物を栽培し観察したりする活動を継続して行い、昆虫や植物の育ち方についての理解の充実を図るとともに、昆虫が食べ物を食べて成長していく様子や、植物が発芽し成長し花が咲き，果実がなって種子ができて枯れていく様子などから、生物を愛護しようとする態度を養うようにする」と記載されている。　　　　　　　　　　　　　　　（門倉洋輔）

【1）文部科学省：小学校学習指導要領解説（理科編），p.42，2017.】

■群れあそび（group play）

　子どもたちが自由に選択して参加するあそびで、このあそびを通して各自に役割が生じ、自分の役割を媒介にして、自覚や自分の行動の仕方や人との関わり方、ルールを守ることの重要性などを学んでいく集団あそびである。また、あそびを通して、協調性や協力性、競争心、相手を思いやる心、判断力、正義感などを育み、子どもの全面発達を促す。少子化が進んだ現代社会におい

ては、地域の中で、近所の子どもたち同士の異年齢集団でのあそび経験は難しくなった。子どもたちは、遊び込んでいくうちにルールを変化させながら自分たちのあそびとして定着させていく。　　　　　　　　　　　　　　（前橋　明）

■ め ■

■迷路あそび（maze play）

地面に線を描き、入り込むと、迷って出られないような道を作ったあそび。

（前橋　明）

■めちゃぶつけ（hitting ball game）

全員敵で、ボールを持ったら3秒以内に友だちに当てるあそび。当たった子はアウトになり、自分を当てた子が誰かに当てられたら、復活できる。

（倉上千恵）

■メラトニン（melatonin）

脳の松果体（しょうかたい）から分泌されるホルモンのこと。日々の睡眠や体温、ホルモン分泌などの概日リズム（サーカディアンリズム）の調節に関わっている。

（板口真吾）

■メンコ（menko：slapping cards game）

メンコを投げて、相手のメンコをひっくり返すことができたら自分の手元に置き、最後に、メンコの数が多かった子の勝ちというあそび。　（倉上千恵）

■ も ■

■モニュメント遊具（monument playground equipment）

モニュメント遊具とは、遺跡や遺物を見立てた遊具である。一例として、博物館でしか見ることのできなかった恐竜が、子どもたちのあそび場にやってきて、安全性とリアリティ感を経験でき、また、本物の化石にも勝る存在感を味わわせてもらえる遊具などがある。

（前橋　明）

■モルック（molkky）

モルックと呼ばれる木製の棒を投げて、スキットルと呼ばれるピンを倒すゲーム。小さな子どもでも簡単にできるゲームで、親子で楽しむことができ

る。　　　　　　　　　　　　　　　　　　　　　　　　　　（倉上千恵）

■**文部科学白書**〔white paper on education, culture, sports, science and technology〕

　文部科学白書[1]は、文部科学省が毎年発行する報告書であり、その年度の教育・科学技術・文化・スポーツ等に関する政策の基本理念や動向、実績、課題などについてまとめたものである。文部科学白書の目的は、文部科学省の活動や施策の透明性を高め、国民に対して情報を提供することである。（門倉洋輔）

【1）文部科学省：文部科学白書，p.1，2023.】

■　や　■

■**野外教育**〔outdoor education〕

　野外教育は、自然の中で自然を活用して行われる教育であり、文部科学省[1]は、「自然の中で組織的、計画的に、一定の教育目標をもって行われる自然体験活動の総称」と定義している。一方で、日本野外教育学会[2]は、「『野外教育の父』と称されるL.B.シャープが1943年に名づけた『Outdoor Education』の訳語であり、野外教育そのものには国内外ともに一義的な定義づけはなされていない」と述べている。野外教育の目標として、自然に対する興味・関心の醸成、自然と人間の望ましいあり方の理解、自然体験活動の楽しさや技術の習得、自主性、協調性、社会性、創造力、忍耐力の育成など、様々な目標が挙げられる。また、青少年を対象とした野外教育は、総じて、青少年の知的、身体的、社会的、情緒的成長、すなわち全人的成長を支援するための教育とされている。　　　　　　　　　　　　　　　　　　　　　　　　　　（門倉洋輔）

【1）文部科学省：青少年の野外教育の充実について（報告），pp.1-48，1996.】
【2）日本野外教育学会：政策提言　野外教育を通じて子供の育ちを支える，p.2，2022.】

■**野外ステージ**〔outdoor stage, open-air stage〕／**野外劇場**〔open-air theater〕

　公園やレジャー施設にある、屋外でのイベントやパフォーマンスのためのステージや劇場。一般に、公共の施設である。コンサートやダンスパフォーマンス等、様々なイベントに利用され、地域の住民の交流の場となっている。

（石川基子）

■野球（baseball）

　2つのチームが攻撃側と守備側に分かれて対戦する。守備側の投手（ピッチャー）がボールを投げ、攻撃側の打者（バッター）がバットを使って打ち返す。打った打者は、一塁、二塁、三塁、そして、ホームを目指して走る。ホームを踏むことができると1点。守備側は、打たれたボールを捕球し、攻撃側の得点を阻止しなくてはならない。攻撃側が3アウトを取られると、攻守が交代する。　　　　　　　　　　　　　　　　　　　　　　　　　　（竹田昌平）

■山登り（mountain climbing）

　山の頂を目指す運動であり、達成感や自然の壮大さを体験できる。また、体力と精神力を要し、自然環境への理解を深めることができる。　（竹田昌平）

■　ゆ　■

■遊戯室（game room, play room）

　子どもたちが集団で遊んだり、踊ったりできる運動やあそびのための部屋。

（前橋　明）

■郵便屋さん（Mr.Postman）

　「郵便屋さん」は、何人かで、大縄や長縄を跳ぶ際に歌われるあそび歌・わらべうたである。配達中の郵便屋さんが落としたハガキを拾ってあげるというストーリーが展開されている。なわとびの跳び方としては、ただ単に縄の内側でジャンプするのではなく、ハガキを数える「1枚、2枚、3枚…」の歌詞に合わせて、1回1回実際にしゃがんで地面からハガキを拾い上げる仕草をするあそびである。　　　　　　　　　　　　　　　　　　　　　　　　　（前橋　明）

■雪合戦（snowball fight）

　雪を固めて小さな球状にした雪玉を相手に向かって投げ合うあそび。

（竹田昌平）

■雪だるまづくり（snowman making）

　雪を固めて球状にし、これらの雪の球を積み重ねて人間の形を作るあそび。

（竹田昌平）

■ユニバーサルデザイン（universal design）

　製品や環境を、障害や性別、年齢などにかかわらず、誰もが使いやすいように設計する考え方。　　　　　　　　　　　　　　　　　　　（竹田昌平）

■　よ　■

■幼児期（period of preschool）

　幼児期は、1歳から3歳までの前期と、3歳から小学校入学までの後期に分けられる。幼児期には歩行能力をはじめ、様々な運動能力の発達が得られる。幼児期の離乳、歩行、発語が、人生初期の3大事件とも呼ばれる。（前橋　明）

■幼児期運動指針（Guidelines for Early Childhood Physical Activity）

　幼児期（3歳から6歳の小学校就学前の子ども）の運動のあり方についての指針を策定したもの。運動習慣の基盤づくりを通して、幼児期に必要な多様な動きの獲得や体力・運動能力を培うとともに、様々な活動への意欲や社会性、創造性などを育むことを目指している。　　　　　　　　　　　　（板口真吾）

■幼児の神経機能（neural function in young children）

　出生後、きわめて著しい発育を示し、生後6年間に成人の約90％に達する。運動機能は脳神経系の支配下にあるので、神経機能が急速に発達する幼児期から、外あそびでいろいろな運動を経験させ、運動神経を支配する中枢回路を敷設しておくことが大切である。また、幼児期に形成された神経支配の中枢回路は容易に消えないので、その時期においては、調整力を中心とした運動機能の開発をねらうことが望ましい。運動によって運動機能が発達してくると、自発的にその機能を使用しようとする傾向が出てくる。そのことによって、運動機能はさらに高められ、児童期の終わり頃にはかなりの段階にまで発達していく。　　　　　　　　　　　　　　　　　　　　　　　　　　　　（前橋　明）

■幼稚園（kindergarten）

　3歳から小学校に入学する学齢までの子どもを対象に保育する幼児教育施設であり、学校の一種である。幼児を保育し、適切な環境を与えて、その心身の発達を助長することを目的とする。　　　　　　　　　　　　　　（前橋　明）

■幼稚園教育要領（kindergarten educational guidelines）

　幼稚園教育要領[1]は、1956年に、文部科学省が学校教育法施行規則の規定に基づいて告示した幼稚園における教育課程や教育の内容、運営などに関する基準である。　　　　　　　　　　　　　　　　　　　　　　　　　　（門倉洋輔）

【1）文部科学省：幼稚園教育要領, p.1, 2017.】

■幼稚園教諭（kindergarten teacher）

　3歳から就学までの幼児を対象に、教育に重点を置き、健康安全で幸せな生活のために必要な日常の習慣を養わせ、身体的な機能が健全に発達するように図る教員であり、学校教育法に基づく資格である。　　　　　　（前橋　明）

■幼保連携型認定こども園（certified childcare facility with collaboration between nursery schools and kindergartens）

　義務教育および、その後の教育の基礎を培うものとしての満3歳以上の幼児に対する教育（教育基本法（平成十八年法律第百二十号）第六条第一項に規定する法律に定める学校において行われる教育をいう。）および保育を必要とする乳児・幼児に対する保育を一体的に行い、これらの乳児又は幼児の健やかな成長が図られるよう適当な環境を与えて、その心身の発達を助長することを目的とする施設のことである。児童福祉法第三十九条の二に規定されているほか、認定こども園法にも定められている。　　　　　　　　　　　　（照屋真紀）

■幼保連携型認定こども園教育・保育要領（educational and childcare guidelines for certified kindergartens that cooperate with kindergartens and nursery schools）

　幼保連携型認定こども園教育・保育要領[1]は、2014年に、内閣府・文部科学省・厚生労働省共同にて告示された幼保連携型認定こども園の教育課程その他の教育及び保育の内容に関する事項を定めた基準である。

　幼保連携型認定こども園では、幼児教育と保育を一体的に実施するため、幼保連携型認定こども園教育・保育要領は、幼稚園教育要領と保育所保育指針を統合したものであり、幼保連携型認定こども園の教育・保育の質の向上や運営の一貫性を図るために策定された。　　　　　　　　　　　　（門倉洋輔）

【1）内閣府・文部科学省・厚生労働省：幼保連携型認定こども園教育・保育要領, p.1, 2017.】

■四つ這い（crawling on all fours）
　両手・両膝を地につけて這うこと。　　　　　　　　　　　　（照屋真紀）

■ ら ■

■ライン引き（line marker）
　運動会の会場づくり、コートづくり、あそび場づくり等で、白線を引く際に用いる用具。ラインパウダーと呼ばれる炭酸カルシウムや石膏を原料とする白い粉を専用の入れものに入れて使用する。　　　　　　　　　　（前橋　明）

■ランドスケープ・デザイン（landscape design）
　ランドスケープとは、人間の知覚を前提とした景観、造園の意。ランドスケープデザインとは、都市や公園、広場において、自然と文化、技術を組み合わせて、自然環境と人間の良好な関係構築を目指す行為。身近な例でいうと、水辺にベンチや展望デッキを設置した憩いの場、共同住宅の中のシェア畑やドッグラン、雑木林との共生をテーマとした住宅地、壁面緑化など、まちに新たな価値をもたらすデザインが挙げられる。　　　　　　　　　　（石川基子）

■ランニングバイク（running bike）
　ランニングバイクとは、ペダルやブレーキのない自転車で、子どもが自分の足で地面を蹴って進むことができる。ランニングバイクに乗ることで、自転車を乗るときに必要なバランス感覚を育てることができるので、自転車への移行もスムーズになる。ランニングバイクは、1歳頃から7歳頃までの子どもに合わせた様々なモデルがあり、走行する際には、安全のためにヘルメットを装着することが推奨される。　　　　　　　　　　　　　　　　　　　（廣瀬　団）

■ り ■

■リズムあそび（rhythm play）
　歌やリズムに合わせて、からだを動かすあそび。動かすからだの範囲は、手あそび歌のように手指のみを動かすものから、からだ全体を動かすものまで様々である。リズムあそびのねらいは、子どもたちのリズム感や運動能力を鍛えることであり、幼少期から音楽やそれに伴う運動に触れることは、心身の成

長につながる。 （板口真吾）

■リズム体操（rhuthm gymnastics）

リズム体操は、音楽に合わせてからだを動かす体操である。リズムに合わせて、手や足をリズミカルに動かしたり、からだを柔らかく伸ばしたりすることで、身体の柔軟性やリズム感を養うことができる。また、楽しい音楽に合わせてからだを動かすことで情緒が解放される。 （菊地貴志）

■流木アート（driftwood art）

海岸や川辺で拾った流木を利用して作品をつくる活動やあそび。（竹田昌平）

■療育（rehabilitation）

注意深く特別に設定された特殊な子育てであり、関わる人々の発達も含めた子どもの人格の発達を可能にする専門的援助。 （前橋　明）

■ れ ■

■レースあそび（race play）

競走・競泳などの競争あそびのこと。 （前橋　明）

■レジャー（leisure）

余暇。余暇を利用したあそびのこと。 （前橋　明）

■レクリエーション（recreation）

日常生活とは違った場所で楽しむといった意味があり、余暇時間に行うもの。元気を回復し、再度、活力を整えるもので、そのこと自体を楽しむことに目的があって、自発的な活動であること。さらに、活動の結果が心身に与えず、疲労回復や気分転換となり、健康に役立つもの。 （前橋　明）

■連合的あそび（associative play）

幼児期の複数の子どもたちが個々にではなくいっしょに遊んでいる状態のこと。ただし、同じ目的に向かって行動をしたり、役割分担をしたりすることはなく、各自でしたいように遊ぶ。パーテン（Parten, M.B., 1902-1970 年）が、幼児期の子どもがあそびに参加していく発達段階を6つに分類したうちの一つ。 （照屋真紀）

■ **ろ** ■

■ローラースケート（roller skating）

　４つの車輪が取り付けられた靴やブーツを履き滑走する。構造として、前後に２輪ずつあるクワッドスケートと一列に４つの車輪が並んだインラインスケートがある。クワッドスケートは、安定性が高いため初心者に適しており、インラインスケートは、スピードやアグレッシブなスケーティングに適している。　　　　　　　　　　　　　　　　　　　　　　　　　　　（竹田昌平）

■ローレル指数（Laurel Index）

　児童の肥満の程度を表す指数。ローレル指数＝体重（kg）÷身長（m)³ × 10　　　　　　　　　　　　　　　　　　　　　　　　　　　（石川基子）

■ろく虫（dodge and run）

　２人の鬼が10 m くらい離れて対面になり、輪の中に入ってボールを投げ合うあそび。走る子は、鬼のボールに当たらずに６往復できたら勝ち。

　　　　　　　　　　　　　　　　　　　　　　　　　　　　（倉上千恵）

■路地（alley）

　人家と人家との間にあるせまい通路である。ときに、近隣の子どもたちがかくれんぼや冒険をしたあそびスペースともなった。　　　　（野村卓哉）

■ロッキング遊具（rocking rider）

　振り子運動で地面に固定された台座と遊具本体をスライドする固定遊具で、乗って前後に揺れながら遊び、子どもたちは、バランス感覚や握力、腹筋力や背筋力を身につけることができる。降りるときに足が引っ掛かって転落する場合があるので、しっかり掴まりゆっくり降りるようにする。　　　（廣瀬　団）

■ **わ** ■

■ワクワクあそび（exciting play）

　心臓がドキドキし、肺臓がスースー・ハーハーする、ワクワクして熱中できるあそびのこと。子どもたちがエネルギーをしっかり発散させて、情緒も安定し、さらに時間の流れや空間の認知能力をも発達させていくあそび。安全な外あそびの中で、必死に動こうとする架空の緊急事態が、子どもたちの交感神

経を高め、大脳の働きを良くする。子どもたちには、日中にワクワクする集団あそびを奨励し、1日1回は、汗をかくくらいのダイナミックなワクワクあそびが必要なことを忘れないように。 （前橋　明）

■わらべうた（traditional children's song）

　子どものあそびや生活の中から伝承されてきた歌で、縄跳び歌・まりつき歌・絵かき歌などのあそび歌、赤ちゃんの手あそび歌、自然や動植物の歌、祭事や年中行事の歌、子守唄などがある。音楽的には、伝統的旋法、歌詞やリズムは流動的で即興的な場合が多い。 （前橋　明）

健康づくりQ＆A

回答者：早稲田大学　前橋　明
外あそび推進の会

Q：外あそびの時間やあそび場の確保が難しくなっている背景を教えてください。

A：都市化、外あそび環境の整備不良、夜型社会、新型コロナウイルス感染症の流行からの影響などから生じたサンマ（三間：空間・仲間・時間）の欠如からの影響があります。

　今日の日本は、社会生活が夜型化し、働く母親の増加、保護者の勤務時間が延長されることも一因となり、子どもたちの生活リズムにくるいが生じ、戸外での運動時間が激減してしまいました。そして、2020年からの新型コロナウイルス（Covid-19）の感染拡大に伴う休園や外出自粛などにより、子どもたちの外あそびはさらに激減し、体力低下や肥満増加、視力低下の問題だけでなく、心の健康問題も顕在化してきました。つまり、三密を避けるために、家で過ごす時間が増えたわけですが、コロナ禍の3年間で、子どもたちの運動量が著しく少なくなっており、外あそびの減少や体力の低下が、これまで以上に懸念されています。

　中でも、就寝時刻が遅く、生活リズムの乱れた子どもたちは適切にエネルギーが発散できないことから、今、ストレスのたまった子どもたちに対して、その変化した生活環境を十分に考慮した上での外あそびの導入や環境整備、対応が求められています。

　また、都市化や外あそび環境の整備不良によって、安全なあそび場という空間はないし、友だちという仲間も集わないし、みんなそれぞれが習い事をはじめとする個別の活動をして過ごすため、あそびの時間もなく、結局、家の中

で、個別にテレビや動画を見たりゲームをしたりして過ごすようになってきました。高学年になってからは、放課後の居場所として、塾をはじめとする習い事に通う子どもたちが多くなり、子どもたちの顔に笑顔が少ないのも心配です。授業が終わってから暗くなるまで、毎日、少なくとも数時間ある「放課後」の時間ですが、日本では、今、自宅でひとりで過ごす子どもがたくさんいるわけです。放課後を自宅で過ごす子どもは、幼児期から激増しています。昭和30・40年代は、夕方の日没の時間まで、子どもたちが近くの公園や路地、広場で遊びまわっている光景が当たり前でしたが、現在では、降園後や放課後の平均外あそび時間は保育園幼児で平均8分、認定こども園幼児で平均14分、幼稚園幼児で46分、小学校低学年では30分程度、高学年でも40分程度に減少してしまいました。このように、今日の子どもの放課後には、子どもが楽しく遊ぶために必要な時間、空間、仲間が不足したり、喪失したりしているのです。

　また、ボールが家に飛んでくる、花壇に入ってボールを取りに来る、騒いでうるさい等という、地域住民の方からの苦情の懸念から、公園や広場でにぎやかに遊ぶことや、ボールあそびをすること等、様々な年代の子どもたちが気軽に集い、助け合ったり、教え合ったりしてはしゃぐことも難しくなっているのが現状です。

Q：外あそびが、なぜ重要なのですか？

（1）運動量の面からみて

　まず、子どもたちの生活の中で、運動量が激減してきていることがとても気になります。例えば、保育園の5歳児ですが、1985（昭和60）年〜1987（昭和62）年は午前9時から午後4時までの間に、だいたい1万2千歩ぐらいは動いていましたが、1991（平成3）年〜1993（平成5）年になると、7千〜8千歩に減ってきました。そして、1998（平成10）年以降になると、5千歩台に突入し、今日では、昭和時代の半分ほどの運動量に激減しています。それに、登・降園も車の利用が多くなってきましたので、子どもの生活全体の歩数が減ってきて、体力を育むのに必要な運動量が不足しています。

　子どもたちの活動の様子をみますと、丸太渡りや平均台歩行時に足の指が浮いて自分の姿勢（バランス）を保てず、台から落ちてしまう子どもが観察されました。生活の中でしっかり歩いていれば、考えられないことです。走っても、手が振れず、膝をしっかり上げることができないので、つま先を地面に押し当てたまま動いて、足を引っかけて転んでしまうのです。日頃から、外あそびよりも、テレビ・ビデオ利用が多くなってくると、活動場所の奥行きや人との距離感を認知する力も未熟となり、空間認知能力が育っていきません。だから、前や斜め方向から来る人とぶつかる事故が多くなるのです。

（2）健全育成の面からみて

　子どもが健全に育っていくためには、「時間」「空間」「仲間」という、三つの「間（ま）」が必要不可欠です。そして、太陽のもとで、日中にからだを動かすことは、体力向上だけではなく、大脳の発達や自律神経機能の強化、近視の発症予防と進行抑制、情緒の安定、創造性・自主性の向上などにつながっていきます。子どもには、戸外に出て、しっかり遊んで、ぐっすり眠るという、あたりまえの健康的な生活が必要ですが、現代はこの三間（サンマ）が喪失し、どうかすると「間抜け現象（前橋　明，2003）」に陥ってしまいます。運動して、エネルギーを発散し、情緒の解放を図ることの重要性を見逃してはならないのです。とくに、幼少児期には、2時間程度の午後の外あそびが非常に大切になります。この「間抜け現象」が進行する中で、気になることは、子どもたちの大脳（前頭葉）の働きが弱くなっているということです。鬼ごっこで、友だちから追いかけられて必死で逃げたり、木からすべり落ちそうになって一生懸命に対応策を試みることによって、子どもたちの交感神経は高まっていきますが、現在ではそのような、安全なあそびの中での架空の緊急事態がなかったり、予防的に危険そうなあそびは制止され過ぎて、発育発達上、大切な大脳の興奮と抑制体験が、子ども時代にしっかりもてなくなっているのです。

（3）体力づくりの面からみて

　子どもたちにとっての外あそびは、単に体力をつくるだけではありません。人間として生きていく能力や、人間らしい生き方の基盤をつくっていきます。しかし、基礎体力がないと、根気や集中力を養うことができません。少々の壁にぶつかってもへこたれず、自分の力で乗り越えることのできるたくましい人間に成長させるためには、戸外で大勢の友だちといっしょに、のびのびと運動をさせると同時に喜怒哀楽の感情を豊かに育むことが大切です。活発な動きを伴う運動あそびや運動を長時間行う幼児は、自然に持久力育成の訓練をし、その中で呼吸循環機能を改善し、高めています。さらに、力いっぱい動きまわる子どもは、筋力を強くし、走力も優れてきます。また、からだを自分の思うように動かす調整力を養い、総合的に調和のとれた体力を身につけていきます。

（4）脳・神経系の発達の面からみて

　外あそびを通して、友だち（人）とのかかわりの中で、成功と失敗をくり返し、その体験が大脳の中でフィードバックされていくと、大脳の活動水準がより高まって、おもいやりの心や将来展望のもてる人間らしさが育っていきます。また、ワクワクして熱中するあそびの中で、子どもたちはエネルギーをしっかり発散させて、情緒も安定し、さらに時間の流れや空間の認知能力をも発達させていきますが、あそびの時間や空間、仲間という三つの「間」が保障されないと、小学校の高学年になっても、興奮と抑制のコントロールのできない幼稚型の大脳のままの状態でいることになります。つまり、大人に向かう時期になっても、押さえがきかなく、計画性のない突発的な幼稚型の行動をとってしまうのです。子どもたちと相撲や取っ組み合いのあそびをしてみますと、目を輝かせて何度も何度も向かってきます。そうやって遊び込んだときの子どもは、興奮と抑制をうまい具合に体験して、大脳（前頭葉）を育てているのです。今の子どもたちは、そういう脳やからだに良い外あそびへのきっかけがもてていないのでしょう。

　生活の中で、育ちの旺盛な幼少年期に、外でからだを使う機会がなくなると、子どもたちは発達しないうちに衰えていきます。便利で快適な現代生活

が、発育期の子どもたちの発達するチャンスを奪っていきますので、今こそ、みんなが協力し合って、子どもの心とからだのおかしさに歯止めをかけなければなりません。そのために、私たちは、まず、子どもの外あそびを大切にしようとする共通認識をもつことが重要です。

　「戸外での安全なあそびの中で、必死に動こうとする架空の緊急事態が、子どもたちの交感神経を高め、大脳の働きを良くすること」「あそびの中では、成功体験だけでなく、失敗体験も、前頭葉の発達には重要であること」「子どもたちには、日中にワクワクする集団あそびを奨励し、１日１回は、太陽のもとで、汗をかくくらいのダイナミックな外あそびが必要なこと」を忘れないようにしましょう。

(5) 生活リズムづくりの面からみて

　幼児の生活要因相互の関連性を、生活リズムの視点から分析してみたところ、「①外あそび時間が短かったり、②テレビ視聴時間が長かったり、③夕食開始時刻が遅かったりすると、就寝時刻が遅くなる」、そして、「就寝時刻が遅くなると、起床時刻が遅くなり、朝食開始時刻も遅れる。さらに、登園時刻も遅くなる」という、生活リズム上の悪い連鎖を確認しています。要は、外あそびを奨励することと、テレビやビデオの視聴時間を短縮させること、夕食開始時刻を早めることは、今日の子どもたちの就寝時刻を早め、生活リズムを整調させる突破口になることが考えられます。とくに、日中に、子どもが主役になれる時間帯の運動刺激は、生活リズム向上のためには不可欠であり、有効であるため、ぜひとも、日中に外あそびや運動時間を確保する工夫が望まれます。

　生活習慣を整えていく上でも、１日の生活の中で、一度は戸外で運動エネルギーを発散し、情緒の解放を図る機会や場を与えることの重要性を見逃してはなりません。外あそびは、子どもたちの体力づくりはもちろん、基礎代謝の向上や体温調節、あるいは脳・神経系の働きに重要な役割を担っています。つまり、園や学校、地域において、時がたつのを忘れて外あそびに熱中できる環境を保障していくことで、子どもたちは安心して成長していけます。

（6）近視の発症や進行の抑制の面からみて

　長時間のデバイス使用は近視発症のリスク要因となることが複数の研究で示されており、屋外で過ごす時間の著しい減少と、デバイス使用時間の増加は、近視発症を引き起こす可能性が高いです。また、長時間のデバイス使用は、姿勢に影響し、子どもの頭部や頸部屈曲を引き起こす可能性があります。外あそびの効能は、1日2時間の屋外での身体活動は、近視の発症や進行を抑制し、子どもの近視リスクを低下させます。屋外での身体運動は、循環器系や筋骨格系の発達、自律神経機能の亢進を促します。また、台湾では、1日2時間の外あそびが、近視の新たな発症を半分に抑えるという調査結果が発表されています。

Q：室内あそびや運動系の習い事の教室とも比較して、外あそびで得られるものは何ですか？

A：習い事のような教室では、活動する時間帯が設けられ、時間に合わせて子どもたちが活動しなければなりません。また、教室では、技術面の向上が要求されていることが多く、同年齢・同レベル集団でのかかわりが多いです。さらに、ドリル形式や訓練形式で教えられることが多く、子どもたちは大人の指示に従うことが多くなり、自分たちで工夫して試してみようという経験が少なくなってきます。一方、外あそびは、参加・解散の時間は融通性があり、集団の構成は異年齢で構成される傾向が多いです。年上の子が下の子の面倒を見ながらあそびに参加したり、自然をあそびに取り込むことによって、自然（物）を知ったりできます。家の手伝いやお使いの時間を考えて、仲間同士であそびの約束をとり、自分の足で歩いて友だちの家に行き、あそびに誘います。自発的に、自主的に、自分の興味や関心のあるものを見つけて、それに熱中し、時を忘れて遊び込んでいくことができます。

Q：子どもたちが外で安全に遊ぶことができるために、工夫すべきことがあれば、教えてください。

A：現在の子どもたちの外あそびの頻度やあそび場所について、どうすれば、

子どもたちが安全に外で元気に遊ぶことができるのかを考えてみます。子ども
たちが外で安全に遊べるための工夫を、5つに分けてまとめてみますと、（1）
保護者の配慮としては、①子どもたちのあそびを見守る、②子どもに防犯と被
害対策の教育をする、③子どもの居場所を把握しておく、④日頃から近所づき
あいをする、⑤休日は子どもといっしょにからだを動かして遊ぶ、⑥子どもと
の間で安全上のルールをつくる。（2）子どもたちの心得としては、①「いっ
てきます」「ただいま」のあいさつをする、②行き場所・帰宅する時刻を伝え
てから遊びに行く、③危険な場所を知っておく、④一人で遊ばない、⑤明るい
場所で遊ぶ、⑥人通りの多い所で遊ぶ、⑦家族との約束事を守る。⑧帰宅後、
すぐに手洗い、うがい（消毒）を行う。（3）学校の配慮としては、①安全マッ
プを作り、危険か所を子どもに教える、②校庭を自由開放する、③校庭の遊具
を充実させる。また、遊具の安全点検を毎日行う、④地域や保護者と情報を交
換する、⑤仲間を思いやれる子を育てるために、道徳教育を充実させる、⑥幼
児と児童、生徒が関わり、互いを知る機会を作る。（4）地域の方々の配慮と
しては、①買い物や散歩時などに、子どものあそび場に目を向ける、②子ども
110番の家を把握し、その存在を広める、③子どもたちとのあそびのイベント
を企画し、交流する（困ったときに手を差しのべられる関係づくりをしてお
く）。（5）行政の配慮としては、①子どもたちが遊べる公園は、交番や消防署
など、安全管理者の勤務地や大人の目が届く場所の近くに設置する、②注意を
呼びかけるポスターを作る、③非常ベルや防犯カメラを公園や広場などの子ど
ものあそび場の一角に設置し、安全を見守り緊急保護をしやすくする、④不審
者の育たない国をつくる（教育に力を入れる）、⑤公園の固定遊具の点検を定
期的に行い、経年劣化した遊具は撤去し、新しいものを設置する（砂場の砂の
入替え等を含む）、⑥公園内の樹木の剪定・トイレの清掃を定期的に行う、⑦
子どもの安全を見守りながら、外あそびに引き込む人材を十分に配置する。

　このように、保護者と子どもとの間で、外で遊ぶときのルールを決め、子
どもたちが被害にあわないように予防策を話し合うことや、地域の方々との交
流や大人の見守りにより、子どもたちに安全なあそび場を提供していくこと
で、子どもたちが元気に外で楽しく遊ぶことができるようになっていきます。

Q：0〜2歳児にあった外あそびのバリエーションを知りたいです。

A：0〜2歳といっても、月齢に応じて、できるものとできないものがありますので、まずは、4カ月の発育順に、それぞれの月例児にできうる運動を確認すると、自ずから、子どもへのかかわり方がわかるようになってくるでしょう。そこで、子どもの首が座って、親も子どもの扱いに少し慣れてきた4か月ごろから見ていきましょう。

（1）4カ月〜7カ月の運動

　生後4カ月で、赤ちゃんの脇の下を支え立たせると、喜んでピョンピョンと、脚で床を蹴るようになります。生後5カ月近くになって、赤ちゃんの両足を持って寝返りをさせようと働きかけると、上半身はどうにか自分の力で返すことができるようになります。寝返りは、この働きかけを何度か続けていくことによって、できるようになります。公園の芝生の上に、柔らかいシートを敷いて、その上で遊んでみましょう。

　赤ちゃんが寝返りを打つことを覚えてハイハイの姿勢になると、動いている人の姿や動くおもちゃをしっかり見つめて、動きを追うようになります。また、仰向けの状態から手を引いて起こそうとすると、腕を曲げ、一生懸命に自ら起きようとします。さらに、両手を持って立たせると、しばらく脚を踏ん張って立つようにもなります。心地よい陽光を浴びながら、楽しんでみてください。

（2）6カ月〜8カ月頃の運動

　6カ月頃には、ハイハイをし始めようとします。前へ進むより、後ずさりの方が簡単で、早くできます。前へ進む方は、床を蹴る要領の体得が、今一歩、難しいようです。前進するハイハイを促す働きかけとしては、赤ちゃんの前方に、赤ちゃんの興味のあるおもちゃを置いて動機づけるとよいでしょう。それも、手が届きそうなところに置くことがポイントです。赤ちゃんがおもちゃを取ろうと踏ん張った時に、赤ちゃんの両足の裏を軽く押して蹴りやすくします。つまり、赤ちゃんが踏ん張った時に力が入るように、赤ちゃんの両足の裏に手を添えて援助します。お子さんの好きな、柔らかい遊具を持って外に出るのがよいでしょう。

　7カ月頃には、お母さんの支えなしで、少しの間足を投げ出して座っていられるようになります。これを一人すわり、または、えんこといいます。こうした、いろいろな経験をしていくうちに、生後8カ月頃には、ハイハイで前進できるようになってきます。このハイハイができるようになると、行動範囲が広がり、いろいろなことを行ってみたくなります。また、つかまり立ちができ、支えて歩かせることも可能になります。

（3）9カ月〜12カ月頃の運動

　9カ月〜10カ月頃には、片手を添えると、片手を持って歩かせることもできるようになります。11カ月〜12カ月では、まったく支えなしで立てるようになります。ただし、これらの運動は、生後の外的刺激と乳児自身の意欲から獲得される運動ですので、自然のまま放置していては起こらないことを頭に入れておいてください。そのためには、運動機能を発達させるための練習、親からのかかわり、働きかけが必要となってきます。

　そのために一番理にかなっている刺激であり、働きかけが、親子ふれあい体操やじゃれつきあそびです。戸外の芝生の上でしっかり関わって遊んでみてください。

（4）1歳〜1歳3カ月の運動

　1歳〜1歳3カ月になると、伝い歩きのあそびができるようになります。伝い歩きが始まったら、両手を支えて前方への歩行練習をさせ、前方への足踏み運動の感覚を覚えさせることが大切です。そして、自力で少しずつ前進し始めます。

　立位での活動の始まるこの時期に、いろいろなバランスあそびに楽しく取り組んでいきましょう。これらのあそびの経験が、安全に活動できる基礎づくりになっていきます。揺れる膝の上でバランスを取ったり、リズミカルに立ったり、座ったり、また、線の上やタオルの上を歩いたりして、平衡性やリズム感を養います。

（5）1歳4カ月〜1歳7カ月の運動

　1歳4カ月〜1歳7カ月では、立ち上げてもらったり、逆さにしてもらったり、回してもらったりすると、見える世界が変わってきます。空間認知能力

がどんどん育っていきます。とても喜びますが、親子の信頼関係と、これまでのあそび体験が未熟だと、怖がります。子どもの成長や体調に合わせて、無理をさせないように気をつけながら、外でのじゃれつきあそびや親子体操を楽しんでください。

　動きや働きかけのポイントとしては、急に子どもの手足を引っ張らないようにすること、子どもが手足に意識が向くように、声をかけてから行うことが大切です。歩行が始まって、よちよちとぎこちない歩き方をしていた子どもでも、1歳6カ月を過ぎる頃から、いろいろな環境の下で、しっかり歩けるようになっていきます。歩幅の乱れもなくなり、でこぼこ道や坂道などもゆっくりではありますが、歩けるようになり、また、障害物もまたぐことが可能になります。さらに、しゃがんだりくぐったりを喜んでするようになります。

（6）1歳8カ月〜2歳の運動

　1歳8カ月〜2歳では、シートや芝生の上で、じゃれつきあそびを十分に経験させておくと、この時期の運動は、とても完全に楽しく無理なく展開できます。走り出す子どもも見られるようになりますが、走り出した子どもは動き回ろうとする衝動的な気持ちが強すぎるため、走っていて急に止まったり、方向を変えたりすることは、まだまだ難しいです。これらのことは、2歳の中頃にやっとコントロールができるようになっていきます。

　運動発達の可能月齢は個人差が大きいので、月齢にこだわらず、これらの順序を正しくおさえて動きの発達刺激を与えていけば、多少遅れていても、心配はいりません。また、反対に早ければ早いほど良いというものではありません。つまり、適切な時期にそれぞれの運動発達が起こるよう、個々の子どもの実態に合った援助をしていきたいものです。

　その後は、いろいろな動きを経験してもらいたいです。ごみ捨てや買い物袋運び、雑巾しぼり、ゴミ集め、テーブル拭き、窓ふき等のお手伝いは、とても良い運動になります。子どもの体調に合わせて、無理なく、周囲の物に気をつけて、安全にあそび感覚で行ってください。皆さん、頑張ってみてください。

Q：幼児期に経験させたい運動やあそびを教えてください。

A：「幼児期に、経験させたい運動を教えてほしい」という質問が、よく私に投げかけられます。私は、「歩くことは、運動の基本」「走ることは、運動の主役」と思っています。ですから、歩く・走るという運動の大切さを、ぜひ幼児期にしっかり経験させてあげていただきたいと願います。

　要は、もっと、「歩く」「走る」という運動の経験を、しっかりもたせていきたいと考えています。そして、生活の中で、近年、なかなか行わなくなった動き、とくに、「逆さになる」「転がる」「回る」「支える」といった動きが少なくなっていますので、幼児期から努めて、しなくなった動きや弱くなった動き、とくに、逆さ感覚や回転感覚、支持感覚を育てるような動きを大事にしていきたいと考えています。

　体力・体格の発達と学習の適時性については、幼児期から 10 歳ぐらいまで、いわゆる小学校の低学年ぐらいまでは、バランス系のあそび、敏捷な動き、巧みな動き等の平衡性や敏捷性、巧緻性と言われる「調整力」の獲得に適時性があります。

Q：外あそびの時間はどれ位の時間が保障されていると、子どもたちにとってよいと考えられますか？

A：とくに、体温の高まりがピークになる午後 3 時頃から、戸外で積極的にからだを動かせば、健康な生体リズムを維持できます。低年齢で、体力がない場合には、午前中にからだを動かすだけでも夜早めに眠れるようになりますが、体力がついてくる 4 歳、5 歳以降は、朝の運動だけでは足りません。体温の高まるピーク時の運動も、ぜひ大切に考えて取り入れてください。午後 4 時前後の放課後の時間帯は、最も動きやすい時間帯（ゴールデンタイム）なのです。1 時間ぐらいは、あそびの時間が必要です。

　生活が遅寝・遅起きで夜型化している子どもの体温リズムは、普通の体温リズムから数時間後ろへずれ込んでいます。朝は、本来なら眠っているときの体温で起こされて活動を開始しなければならないため、からだが目覚めず、体温は低く、動きは鈍くなっているのです。逆に、夜になっても、体温が高いた

め、なかなか寝つけないという悪循環になっています。このズレた体温リズム
を、もとにもどす有効な方法を2つ紹介しますと、①朝、太陽の陽光を浴び
ることと、②日中に運動（1日60分）をすることです。

**Q：外あそび推進のための今後の活動のあり方（方向性）についての考えを教
　えてください。**

A：地域の開かれたあそび場や居場所が不足する現状が続くと、家庭の経済格
差が子どもたちの体験格差につながってしまうことが懸念されます。習いごと
やスポーツクラブ、週末の外出など、お金のかかる体験活動の実施率は、家庭
の収入に比例していくことも明らかですので、注意が必要です。

　放課後の午後3時〜5時の間に、家庭と教室に次ぐ居場所を模索し、そこ
で、再度、「外あそび」を活発化させることが、子どもたちの孤立を解消し、
健全な成長を促すための切り札の一つになると考えます。すでに、学童保育・
放課後子ども教室・子ども会など、公的事業を含む様々な放課後活動が存在し
ていますが、これらの活動は予算不足と感じます。それは、活動の頻度や定員
が少ないこと、必要とする子どもたちすべての「居場所」になりきれていない
ことから、いえることです。

　また、ガキ大将不在の今日は、外あそび経験が乏しい現代の子どもたちに
とって、安全を見守るだけでなく、外あそびの魅力を伝え、促してあげる大人
や指導者の存在も必要です。こうした人材が不足すると、せっかくの放課後活
動も、室内で宿題をしたり、おとなしく過ごしたりするだけになってしまいま
す。そこで、

① 学童保育・放課後子ども教室など、既存の放課後事業への、国からの配分
　予算を増やして、すべての子どもたちの放課後を充実させる呼びかけ活
　動を行います。

② 障害のある・なしにかかわらず、すべての子どもたちの外あそびを「促
　し」「応援する」場所としての街区公園の整備の必要性を訴えていくとと
　もに、外あそび推進のための人材の育成を計画し、実行に移します。

③ 学童期のことだけでなく、その前の乳幼児期からの配慮が必要ですので、

　例えば、既存の街区公園の整備と、低年齢児、中でも、0・1・2歳児の安全なあそび場の確保・整備も呼びかけていきます。

④　放課後事業は、学校施設に設置されることが望ましいですが、子どもたちの見守りやケガの責任が先生たちに課せられてしまう懸念が、自由開放や施設利用推進の大きな壁になっていると思います。そうした負担を軽減するためにも、放課後事業に特化した人材の育成と十分な確保、そういった人材の間でのあそびや外あそびに関する知見の蓄積をしていきます。そして、平日の放課後に、すべての子どもたちが、校庭や学校施設、街区公園や広場、その他のあそび場で、のびのびと遊び、楽しい時間を過ごすことができるように活動していきます。

　子どもたちの安心・安全な居場所を確保し、外あそびを少しでも復活させていくことが、特にコロナ禍においては、本当に重要です。日本の子どもたちの重要な課題として、「すべての子どもの居場所づくり」が、世の中で真剣に取り上げられ、取り組んでもらえるよう、情報を発信していくことが求められます。

　少子化が進む日本だからこそ、未来を担う一人ひとりの子どもたちが安全で、より健康に、そして、より幸せに、大人になっていくことができるよう、国民の皆さんの理解と協力をお願いしていきます。

Q：放課後の地域活動における外あそびを推進・サポートする人材確保についての現状と課題は何ですか？

A：学童保育や児童館などの既存の放課後活動や自治体が設置するプレイパークは、外あそびの良い機会ですが、それを促すことのできる人材が不足しています。人材確保において具体的に見られる問題としては、次のような点が挙げられます。

①　学校教師、塾講師以外に、子どもに関わる仕事をしたい人は少なくないですが、現存する放課後関連の職種などでは、その待遇が十分でないことが多いです。

②　放課後の活動は、厚生労働省・文部科学省・内閣府の間で管轄が分かれて

おり、人材確保をはじめとする課題の改善が進みにくいです。

③ 自治体による外あそびを推進する事業が、人材確保の難しさから形骸化してしまう、あるいは継続ができないという状況が見られます。

④ 人材養成における課題として、保育・教育施設の指導者、放課後活動の従事者などの研修課程において、外あそびに関する項目が設けられておらず、指導者の間で外あそびの効能・重要性に関する認識が希薄です。

Q：放課後の地域活動における外あそびを推進・サポートする人材確保についての目指すべき状況・構築されるべき環境について教えてください。

A：すべての子どもが、市町村をはじめとする自治体などが提供する場で、身近に外あそびができる環境を整備することが望まれます。自治体の提供する場や保育・教育施設などの外あそびに適した環境において、ゲームやその他の室内あそびと比べて、子どもたちが外あそびをしたいと思うよう、外あそびの魅力を子どもたちに伝え、外あそびに引き込む人材が十分に配置されていることが望ましいです。

Q：外あそび推進のための人材として、求められる能力とはどのようなものでしょうか？

A：子どもへの理解、つまり心身の発達過程、行動習慣を理解した上で、子どもと関わる方法を理解していること。そして、基本的な体力、屋外環境において、子どものあそびを支援できる基本的な体力があること。視野の広さ、全体を広く見渡し、判断・行動できる観察力や判断力があり、危険が予見できること、冷静さ、臨機応変に対応することができること。コミュニケーション能力、子どもや保護者などと円滑にコミュニケーションがとれること。そして、危機管理能力があること、つまり、日常的なケガへの基礎的な対応、防災知識に基づく適切な行動ができる能力です。

Q：国の施策や制度への要望はありますか？

A：短期目標：関連性の高い既存人材に、外あそびに関する重要性の啓発、研

修の機会を提供する。①配置人材の増加、既存職員の待遇改善、追加のトレーニング実施などのため、学童保育・放課後子ども教室など、既存の放課後プログラムへの予算配分を全体的に増やすことが必要です。②子育て支援員を採用する認定こども園に、自治体から年額数百万単位の補助金が出る仕組みが存在するが、この仕組みを参照し、外あそびに関するトレーニングを受けた人材を雇った施設に補助金を出すことも考えられる。③保育士や幼稚園教諭、小学校教諭などに関する各種指針において、外あそびを充実させることの内容や必要性を明記。保育所保育指針（厚生労働省）、幼稚園教育要領（文部科学省）、小学校学習指導要領（文部科学省）、幼保連携型認定こども園教育保育要領（内閣府・文部科学省・厚生労働省）など。④外あそびを充実させることの内容や必要性を各種研修の科目へ導入することの推奨。放課後児童支援員認定資格研修において、外あそびに関連する内容の導入について推奨する旨を主催者（都道府県）へ通知（厚生労働省）、児童厚生員に関する各種研修において、外あそびに関連する内容の導入について推奨する旨を主催者（児童健全育成推進財団）へ通知（厚生労働省）、子育て支援員研修において、外あそびに関連する内容の導入について推奨する旨を主催者（都道府県）へ通知（厚生労働省）、総合型地域スポーツクラブやスポーツ少年団などに関連した研修において、外あそびに関連する内容の導入について推奨する旨を主催者（都道府県）へ通知（スポーツ庁）すること。

　中長期目標としては、外あそびの重要性への理解を深め、子どもの自発的・主体的なあそびを促すための考え方・能力を身につけるための体系的な研修プログラムを策定します。使途としては、既存資格の養成プログラムへの追加、独立の資格策定など、様々考えられます。

Ｑ：デバイスの過度な利用による影響と外あそびの効能について教えてください。

Ａ：海外の研究においては、懸念されるデバイス利用の負の影響が多く報告されています。そして、外あそびには、そのほとんどの負の影響を打ち消す効能があることも、また、様々な研究によって示されています。

① からだ（目）への影響

　デバイス使用時間の増加と屋外で過ごす時間の著しい減少は、近視を発症させるリスクを高めます。一方、1日2時間の外あそびは、近視の発症や進行を抑制し、子どもの近視リスクを低下させます。

② からだ（骨格）への影響

　長時間のデバイス使用は、姿勢に影響し、子どもの頭部や頸部屈曲を引き起こす可能性があります。一方、屋外での身体運動は、循環器系や筋骨格系の発達、自律神経機能の亢進を促します。

③ 脳（言語の発達）への影響

　長時間のデバイス使用により、言語発達の遅れのリスクが上がります。米国小児学会は、2017年の年次学会において、デバイスの利用30分ごとに、表現面での言語発達が遅れるリスクが49％上がるという調査結果を報告しました。一方、仲間との外あそびは、五感を最大限に刺激し、仲間への言語表現を通じて言語発達を促します。

④ 脳（認知能力・実行機能）への影響

　幼児期におけるデバイスの長時間利用は、読解力をはじめとする認知能力の発達を遅らせ、その後の実行機能発達にもネガティブな影響をもたらす可能性があります。シンガポールのThe Center of Holistic Initiatives for Learning and Development（CHILD）は、認知機能への影響を示すエビデンスから、18カ月未満の子どもには受動的なデバイス使用はさせるべきではなく、18～36カ月の子どもでは、親が見ていない中での受動的なデバイス使用は1日1時間未満とすべきであるとしています。一方、ワクワクして熱中する外あそびは、子どもたちのエネルギーをしっかり発散して情緒を安定させ、さらに時間の流れや空間を把握することから、認知能力や実行機能の発達を促します。

⑤ 脳（依存性）への影響

　過度、もしくは、病的なインターネット依存には、執着や気分のムラ、耐性の発達への影響、引きこもり、機能障害など、薬剤依存やギャンブル依存と共通する特徴があります。野外活動、自然体験活動は、ネット依存の克服・治療に有効です。

⑥　心（非認知能力）への影響

　長時間のデバイス利用は、幼児・児童の社会順応性や行動に問題がある可能性を示唆しています。中国の研究では、3歳児における比較で、デバイス使用時間が急速に増加したグループは、増加が緩やかなグループに比べて、社会順応性に問題がある割合が3倍多く、行動に問題がある割合が、2.4倍多かったです。一方、ルールのない自由なあそびは、前頭葉の発達を促し、社会適応、学業において重要な感情のコントロールや計画性、問題解決能力を高めます。また、幼少期の運動は、知覚・感情的発達を促すことから、外あそびは、コミュニケーション力や認識力、他者のニーズを理解する力など、社会性の発達に極めて重要です。

⑦　心（幸福度）への影響

　1日2時間以上のデバイス利用時間がある子どもは、人生の満足度や楽観性が低い傾向があります。一方、1日2時間以下のデバイス使用者は、2時間以上のデバイス使用者と比較して、幸福度が高かったです。さらに、自然や屋外でのレクリエーション活動を行うと、エネルギーの回復、ストレスや不安の解消、幸福度の向上につながり、集中力や効率性が高まります。また、運動頻度が多い人ほど、メンタルヘルスが良好な傾向があることがわかっています。

⑧　生活習慣（睡眠）への影響

　長時間のデバイス使用により、睡眠の量や質が低下するため、翌日の覚醒に影響し、注意力が低下します。乳幼児期におけるデバイス使用の習慣は、就学時期以降の行動面での発達や生活習慣にネガティブな影響を与えます。一方、太陽光を浴びることで、子どもの体内時計が調整され、睡眠不足が解消されるため、生活リズムの悪循環が改善します。健全な生活リズムと外あそびの実践は、自律神経の発達を促し、体調・情緒を安定させます。

⑨　生活習慣（栄養）への影響

　デバイスの過度な使用は、睡眠や栄養状態に悪影響を与え、健康を脅かすリスクとなり得ます。一方、太陽光に当たることで生成されるビタミンDは、たんぱく質の働きを活性化し、カルシウム・リンの吸収を促進するため、正常な骨格と歯の発育を促します。

⑩　生活習慣（運動時間）への影響

　幼児期における過度なデバイス使用により、座って行う行為の時間が長くなるため、軽度の身体運動時間が短くなり、数年後も、中強度の身体運動時間が短くなるという研究結果があります。つまり、幼児期におけるデバイス使用時間の増加は、身体運動時間の減少に置き換わる可能性があります。一方、脳・神経機能の発達が著しい幼児期に、外あそびや運動を積極的に行うことは、その後の運動能力発達の基盤となり、幼児期以降の身体能力の向上につながります。

Q：デバイスの過度な利用についての対応策を教えてください。

A：デバイスが生活に浸透している現状では、その利用を避けることは極めて難しいです。しかし、過度な使用がもたらしうる、子どもの心身への負の影響も多くの研究で示されており、デバイスの長時間使用は、子どもの健全な成長の妨げとなることがわかっています。一方、外あそびはその負の影響を打ち消す効能があるため、子どもたちの健全な成長を守るためには、デジタル使用と合わせて実践される必要があります。したがって、政府が策定する、子どものインターネットやICT関連の施策・ガイドラインにおいて、デジタルデバイスの適度な使用と合わせ、一定時間（近視抑制の観点からは1日2時間）の屋外活動（外あそび）を行うことを推奨することが必要です。また、デバイスやコンテンツを提供する企業が、外あそびの重要性を伝えるセーフティコンテンツを提供することを国が義務化することにより、デバイスの利用と外あそびを合わせて行っていくことで、子どもの健全な成長を守っていくことが求められます。

Q：デバイス使用・外あそびに関する海外の施策・方針・ガイドラインについて教えてください。

A：①目の健康関連では、台湾で、1980年代から教育省、健康省の主導で開始した、「台湾学生視力ケアプログラム（Taiwan Student Vision Care Program TAVCP）」において、2010年教育省スポーツ庁が、1日2時間以上の外あそ

びの推奨をTSVCPに組み込んだTien Tien 120 Outdoor Programを実践してきました。2013年、スポーツ庁長官は、体育の時間を活用した1日2時間の外あそびが、近視の新たな発症を半分に抑えるという調査結果を発表しました。

中国では、2019年、北京は、2030年までに6歳以下／小学生／中学生／高校生の子どもの近視を、それぞれ3％／38％／60％／70％以下に抑える等、子どもの近視予防のための新目標を設定し、10の具体的な施策として策定しました。具体的には、電子機器を使った授業時間の制限、小学生には書き物の宿題を課さない、小学校入学前の子どもの電子機器の使用時間制限（1時間以内）、8歳以下の子どもはテレビゲーム禁止、小学生は一日1時間・幼稚園児は2時間以上の外あそびをさせる、目に良い栄養のある食事、一定以上の睡眠時間の確保などでした。

シンガポールでは、2001年に、国を挙げた「国家近視予防プログラム」がスタートし、生徒、保護者、教師を対象とする啓発活動や学校での定期的な視力検査を実施しました。それまで主流であった目を酷使する精密作業の制限に代わり、子どもの外あそびを推奨し、デバイス使用の削減を推奨しました。プログラム実施の結果、小学生の近視の割合は、2004年の37.7％から2015年31.6％に減少しました。

米国では、米国医師会が、2017年、子どもの近視予防のために、デバイスの使用時間を減らし、屋外活動時間を増やすことを求める方針を出しました。

②生活習慣関連では、シンガポールで、シンガポール医学アカデミーが、2022年1月に、幼児期における健康の増進と維持に関するガイドラインを発表し、身体運動、睡眠や食習慣に関する包括的なアプローチを提示しました。そこには、外あそびの推奨が含まれています。

米国では、米国小児学会は、2歳未満の幼児は、ビデオチャット以外のデバイスの使用を避けること、また、2歳から5歳までの子どもは1日1時間以下にデバイスの使用を制限し、また、コンテンツも高度な内容のものとすること、また、デバイスの使用時間の制限とともに、1日1時間の身体運動時間の確保を推奨しています。

カナダでは、カナダ運動生理学会（CSEP）およびカナダ小児科協会（CPS）

は、乳児はデバイスの視聴を避け、幼児は1時間未満、学齢期の青少年は2時間未満（CSEPのみ）を推奨しました。画面の前での長時間座位を制限（CSEP）や健全な画面視聴の手本を大人が示すこととしています。

オーストラリアでは、政府保健省は、乳児（12カ月未満）はデバイスの視聴を避け、12〜24カ月の乳児、幼児は1時間未満、学齢期の青少年は2時間未満（エンターテイメント番組）を推奨しています。

ニュージーランドでは、保健省が、乳児のデバイス視聴を避け、幼児は1時間未満、学齢期の青少年は2時間未満（レクリエーションとして）を推奨し、CSEP（カナダ）のガイドラインを採用しました。

ドイツでは、連邦保健省は、乳児はデバイスの視聴を避け、幼児は30分、学齢期の青少年は1時間（小学生）2時間（青年）を推奨し、2歳未満児には、テレビを背景画像として使うことも含め、映像をまったく見せないこととしています。

Q：校庭開放の利用促進のメリットを教えてください。

A：地域の小中高等学校の学校体育施設（屋外運動場、体育館、プール等）は、日本のスポーツ施設の約6割を占めており、地域における最も身近な運動場といえます。中でも、小学校児童にとって、全国 19,525 校ある国公私立小学校の屋外運動場（校庭）は、子どもたちにとって最も身近で、自由かつ安全に遊べる場所であるとともに、放課後の居場所としても重要な場所です。小学校児童にとって最も身近な校庭が積極的に活用され、子どもたちの自由な外あそびが促進されることは、子どもの健やかな成長を促すとともに、子どもたちにとって安全で安心な居場所づくりにもつながるといえます。

Q：校庭開放の現状を教えてください。

A：全国の国公立小学校の約8割の学校が校庭開放を実施しているものの、その校庭が個人や子どもたちの自由なあそび場として活用されているケースは少ないという実情があります。たとえ、活用されていても毎日ではないため、子どもたちの自由なあそび場としての日常的な利用が難しい状況にあります。

　スポーツ庁の平成29年度「体育・スポーツ施設現況調査」では、体育館の例ではありますが、個人開放が約2割であり、9割の小中学校で開放が進んでいる体育館の個人利用の割合の低さを踏まえますと、校庭の個人利用も同様の状況であることが推測できます。また、弘前市で平成26年に行われた調査では、小・中学校で学校施設（校庭および体育館）の個人開放が行われている自治体は、約2割ほどでした。千代田区の報告書（平成24年）では、「学校の校庭開放では、部活動が突然入ってしまい、使えなくなることがよくあるので、週末に必ず使える所があるのは、とてもありがたい」「小学校の校庭は、休日かなりの割合で野球部などが利用しており、あそび場としての利用は難しい」という保護者の声も示されています。

　そのような中、保護者による校庭開放の促進を要望する声の多いことが、自治体が行う複数のアンケートで示されており、校庭の個人への自由開放は、外あそび促進の上で非常に重要であることがわかります。

Ｑ：校庭の自由開放における課題は何ですか？

Ａ：校庭の個人・自由開放促進の妨げとなっている課題としては、まず、見守り人材の確保の問題があります。校庭の自由開放が行われると、開放中の子どもの見守りやケガ・トラブルへの対応、器物破損など、学校側に、職務以外の負担や責任が増えるのではないかという心理的ハードルがあります。また、放課後における学校の負担軽減という観点からも、放課後児童クラブ（学童）や放課後子ども教室といった国が主導する放課後事業は、外あそび機会の確保に最も適していると考えられますが、放課後子ども教室に関しては、毎日実施されているところは少なく、月に1回、少ないところは年に1回しか開催されていない現状があります。また、配分される予算が少ないため、職員はボランティアによることが多く、職員の離職率が高いことも加わって、持続的な運営自体が危うい実情です。職員の離職率が高いため、研修やトレーニングにも、十分なリソースが割かれておらず、人材や施設にノウハウが蓄積されにくい問題があります。校庭の自由開放を見守る人材（指導者）や利用する子どもたち・保護者が安心できる保険・補償の仕組みも不十分です。子どもたちは、学

校（園）の管理下では、登下校や放課後を含めて災害共済給付を支払う制度がありますが、学校（園）の管理外の活動においては、各自が傷害保険や個人賠償責任保険への加入を検討する必要があります。校庭の自由開放を見守る人材（指導者）は、被保険者が社会教育活動に起因して発生させた対人・対物事故について、法律上の損害賠償責任を負った場合に、補償される保険に加入する必要があります。

また、地域スポーツクラブや地域住民利用との共存の問題としては、校庭開放は、多くの自治体で、登録された既存の地域スポーツクラブに利用されていることが多く、スポーツクラブに加入していない（加入できない）子どもたちが自由にからだを動かして遊ぶ自由開放の時間は確保されていません。また、スポーツ基本法第7条において、民間事業者との連携・協働が努力義務として定められているにもかかわらず、既存の地域スポーツクラブの利用が多いため、自由開放に必要な見守り人材確保のための民間事業者参入が難しくなっています。さらに、地域スポーツクラブの活動には、受益者負担の問題があり、経済格差が子どもたちの運動機会の差（体験格差）として表れてしまいます。

そして、外あそびの行い方や魅力がわからず、子どもが遊ばない・遊べない問題としては、テレビゲームやスマホゲームのような室内あそびをする子どもが増加したことや、あそびを伝える役割を担うべき大人のあそび込み体験の少なさ等が要因となり、子どもたちが外あそびの行い方やその魅力がわからず、校庭を自由開放しても利用されない状況が大いにあります。

Q：校庭の自由開放促進のために必要な施策とは何ですか？

A：校庭の自由開放を促進するためには、①放課後事業の予算拡充を通じた、外あそびをサポートする人材の配置についてです。学校側の負担を軽減しながら、放課後の子どもの外あそび機会を確保するためには、安全・防犯面において、子どもたちを見守り、あそびを伝承する人材を校庭開放に配備する必要があり、そのためには放課後事業の予算を拡充することが求められます。この人材の配備にあたり、ケガや不慮の事故などがあった場合に、外あそびをサポー

トする人材を救済・補償する保険制度の整備も必要です。国による放課後事業予算の拡充を通じて、自治体が十分に予算を確保し、安心して活動できる環境や補償体制を構築・維持することが求められます。②地域のスポーツクラブ等による利用とのバランスをとる体制の整備についても大切な施策の一つです。子どもの外あそび機会や放課後の安全な居場所が公平に確保されるよう、地域スポーツクラブや地域住民による利用と、無料の自由開放をバランスよく組み合わせて行う体制を築くことが必要です。例えば、コミュニティスクールや、放課後事業運営者、保護者を交えた話合いの場を設定し、そこで、子どもたちの声を吸い上げながら、利用機会が公平に確保されるようにします。そして、③国の補助金制度の整備を通じた民間参入の促進です。経済格差によって外あそび機会が損なわれることなく、広く子どもたちに校庭でのあそびや運動の機会を確保するため、国による補助金制度を通じて、民間事業者の運営において問題となる受益者負担を軽減し、民間参入を促進していくことが求められます。

Ｑ：園庭利用の促進の現状と課題を教えてください。

Ａ：乳幼児の外あそび推進のためには、乳幼児にとって身近で安全な場であり、体格や発達に適した環境として、幼稚園や保育所、認定こども園の園庭が挙げられます。特に、地域の未就園児の保護者が安心して利用できる公園が少ないことから、幼稚園や保育所、認定こども園で実施される「園庭開放」を利用して外あそびを促進したいものです。現状の課題としては、幼稚園や保育所、認定こども園は、管轄や教育・保育内容の基準、教育・保育時間の違い、園設備や園庭の状況、地域柄などによって、園庭を開放する頻度（曜日や日にち、時間帯など）に大きな差があります。また、園庭開放を園児募集の一環として位置づけている園も多く、利用者のニーズに合っていない現状があります。

・人数や時間、遊具の対象年齢による制限がある。
・園庭に屋外トイレが設置されていない施設も多い。
・土曜日や日曜日に園庭を開放するためには、職員の休日出勤問題による人手

不足にも直面する。

・安全面を考慮すると、園職員もしくは園庭を管理する人材の立ち合いが必須であり、園の本来のカリキュラムへの影響や人員配置の変更、週末の時間外出勤などの問題点が挙げられる。

・時間外出勤の手当は、補助金対象ではないため、園にも職員にも大きな負担となっている。また、園や職員の負担を軽減するために、園庭を管理する人材を確保する必要があるが、人材確保には費用がかかる。

・園庭利用中のケガや事故においては、園が加入している保険で対応していることも多いが、保険の加入における取り決めは曖昧である。また、在園児以外の利用者の対応については、園が新たに保険へ加入する必要がある。保護者への周知について、公立や私立、幼稚園や保育所、認定こども園といった各施設の園庭開放情報を取りまとめて周知している自治体はありますが、園庭開放の目的が載っておらず、イベントとして告知されているケースが多いです。また、告知方法について、保護者が普段から目に入る施設（かかりつけ医や健診会場、スーパー等）に、掲示されていないことから、必要とする保護者に情報が届いていない現状があります。

Q：園庭開放の目指すべき状況・構築されるべき環境とは何ですか？

A：園庭は、低年齢の子どもたちが安心して身近で遊ぶことのできる環境であり、かつ、子育て支援の場です。また、子どもや保護者にとって、交流の場であり、憩いの場でもあります。乳幼児にとっては、園内で実施することで、防犯面や衛生面、安全面が確保されるという最大のメリットがあります。乳幼児用の遊具が設置してあることから安全・安心な外あそびの場となります。また、外あそび環境によって、子どもたちの生活リズムの改善につなげることができます。その他にも、在園児や地域の子どもたちとのふれあいが可能です。

　保護者にとっては、保護者同士のコミュニケーションやネットワークづくりができるという可能性もあり、その場に園職員、もしくは、園庭を管理する人材がいることで子育て相談もできます。さらに、教育・保育施設を知る機会にもなり、子どもにも保護者にも、園庭は魅力ある外あそびの場になります。

Q：乳幼児の外あそびを推進するための解決策は？

Ａ：乳幼児の外あそびを推進するためには、乳幼児にとって最も身近で安全な場である幼稚園や保育所、認定こども園の園庭の利用を促進されることが必要です。そのためには、行政の子育て支援事業において、園庭開放の実施が必須として位置づけられる必要があります。保育士や教諭、外部人材に対して、管轄が異なる幼稚園、保育所、認定こども園で統一した指針を設け、園庭利用における地域格差をなくす必要もあります。そのためには、まず、園庭や園庭開放の実態調査を実施し、認定こども園、保育所、幼稚園に関する正確な現状把握を行うことが求められます。

Q：街区公園の目指すべき環境は、どんなところにありますか？

Ａ：様々な役割（環境の改善・防災性の向上）を担う公園は、幅広い年齢層に利用されています。中でも、あそび空間としての利用が最も比率が高く、身近に存在する街区公園は、乳幼児を含む子どもが利用しやすくなることが、目指すべき環境のひとつです。そのためには、街区公園が適切に整備・管理され、障害の有無に関わらず、あらゆる年齢の子どもたちがいっしょに遊べる広場となることが求められます。都市開発や地域社会の変化が進む現代において、かつての身近なあそび場であった路地裏や空き地が危険な場所となる等、あそび場所が大きく変化し減少しています。そこで、子どもにとって園や学校以外で最も身近で安全なあそび場である街区公園の整備が必要となるのです。

Q：公園利用を促進させたいため、街区公園利用の現状を知っておきたい。現状はどうですか？

Ａ：公園は、様々な役割（環境の改善・防災性の向上）を担っていながら、公園の魅力の低下や、公園の有効活用の要望にも財政や人材の不足から新規整備や適切な施設更新ができにくい背景があり、2017（平成29）年、都市公園法が改正されました。その中で、都市公園の利便の向上に必要な協議を行う目的で、協議会制度が創設しており、地域の実情や都市公園の特性を踏まえ、地域住民の同意を得ながら整備・管理活用を進めることが望ましいとされました

[都市公園法運用指針（第4版）2018（平成30）年]。しかし、2020（令和2）年3月31日時点で、協議会は、全国に91、都道府県別では、上位から兵庫県12、大阪府11，神奈川県9の順で、未設置県は14あります。その設置された91協議会のうち、協議内容は「多様な主体が連携した地域のにぎわい創出のためのイベント実施に向けた情報共有や調整」が62を占め、「ボールあそびや地域の多様な公園利用ニーズに応じた公園ごとのルール」といった日常的な運営を扱う協議会は17しかありません。街区公園利用の経年変化をみますと、昭和から利用が減少し、横ばい状況であり、近年の利用実態において、休日と平日の利用者数に、差はほとんどみられません。しかし、近隣公園・地区公園の利用は、それぞれ1.2倍、1.3倍で、平日より休日が多くなり、特に広域公園、国営公園では、それぞれ2.5倍、2.3倍と顕著であることから、休日には変化を求めて少し離れた、遊具が充実し、施設も整備された公園を利用する傾向になっていることがわかります。また、2014（平成26）年度調査［都市公園利用実態調査報告書］によると、街区公園の利用者は、学齢前や小学校下級生、上級生の合計利用比率が高く、公園選択の利用では、「近い」の回答比率が顕著に多く、「子どもを遊ばせた」とする比率は、1998（昭和63）年調査までは50％超えていましたが、1994（平成6）年以降は35％前後と減少傾向です。さらに、「子どもの遊び場としての安心感、安全性」における「満足」と「やや満足」の合計が、2007（平成19）年に比べて、2014（平成26）年に減少しており、ほしい公園は、「子どもを安心して遊ばせられる公園」が50％を超えて1位、公園に期待する役割は、「子どものあそび空間」（52.0％）の比率が最も多く、突出していました。よって、子どもたちが安心・安全に遊べる空間の環境で、街区公園利用の促進に向けた取り組みが必要となるのです。

Q：街区公園利用促進における課題と必要とされる対応について教えてください。

A：公園の安全衛生管理の改善では、維持管理予算が圧倒的に少なく、管理者不在のため、事故が起きても実態がわからず、事後対応のみで、未然防止策が

講じられていません。年間維持管理拡充および人材確保による持続的な安全管理が必要です。アンケート結果［外あそび推進の会調査 2021（令和 3）年］では、公園の管理で必要な内容の第 1 位は、遊具の点検・清掃となり、幼児をもつ保護者が必要だと思う公園管理においても、子どもの安心・安全を求めていることがわかりました。

　また、安全管理がされていない公園事例として、設置遊具のコンクリート基礎部分の露出（躓きや転倒時の危険）、目視では確認できない設置遊具の木柱地際部の腐朽、利用者側によるゴミの散乱などがあります。①地盤、既存遊具の安全管理については、点検できる人材確保のため、地域住民による管理資格（公園施設製品安全管理士）取得の促進、ノウハウを有する民間企業への積極的な委託などが挙げられます。②防犯対策では、防犯カメラ設置普及に加え、公衆電話が撤去されている現在、110 番通報の遅れも懸念されることから、公園内に防犯ブザーの設置も必要です。また、交番や消防署付近への公園設置、園内を周囲から見えやすくする等、手入れがされていることで、人の目が行き届いた公園にすることが防犯対策につながります。③清潔な環境の維持については、ボランティアが自主的に公園の美化活動を行うことは、多くの自治体で導入されています。中でも、公園の里親制度では、企業の地域貢献を公共事業入札時の条件として含めたことで、企業の参加が増えましたが、地域住民参加を重要と見直し、住民との協働の一環としてより PR を強化することで増加となりました。しかし、今後に向けて継続しやすい制度づくりが課題となっています。

Ｑ：街区公園の役割は、時代とともに変化していると思いますが、現在はどのようになっていますか？

Ａ：昨今では、全国的に園庭をもたない保育所が増えており、園庭の代替として、主に街区公園を利用しており、低年齢層の屋外活動場として、この街区公園が重要な場所となっています。わが国では、今、満 2 歳以上の幼児を入所させる保育所である認可保育所は、園庭として「屋外遊技場」を設けることとされており、室内環境と共に屋外におけるあそび場所確保を重視しています

が、待機児童解消に向けて、2001（平成13）年3月に、これに代わるべき公園、広場、寺社境内などが保育所の付近にあれば、屋外遊技場に代えて差し支えないと、法改正が行われました。よって、園庭が十分に確保できていない保育施設では、公園をほぼ毎日利用する等、多くが日常的にいずれかの場所へ園外活動に出かけている実態があります。また、保育施設の半数以上は、週1回以上、公園を利用し、その公園の70％が街区公園であることから、園外活動において、特に街区公園は重要な場所といえます。

Q：乳幼児（0・1・2歳）が利用可能な街区公園の必要性について教えてください。

A：代替となる街区公園には、乳幼児が安全に使用可能な運動遊具が必ずしも設置されていません。地域の保育所や認定こども園などには、乳幼児を対象とした運動遊具が設置されていますが、地域の未就園児は「園庭開放」でしか利用できず、日程は、園に任されており、日常的に利用するのは難しい状況であり、日曜日の利用は、より困難といえます。よって、街区公園の新たな企画として、0・1・2歳の乳幼児が利用可能なコーナーや運動遊具を設置することが必要です。ですから、街区公園・幼児保育施設の園庭開放が今後、必要になるといえるでしょう。

Q：今日の公園に求められていることは何ですか？

A：今日では、インクルーシブ社会の形成に向けて、年齢や性別、障害の有無を問わない、ユニバーサルデザインの運動遊具や施設へのニーズが高まっています。インクルーシブ公園として、障害の有無にかかわらず、遊具で遊べ、車いすでも公園内での移動が可能など、決して簡単なことではありませんが、いずれも障害をもつ子の保護者や市民団体、自治体および東京都の連携によって生まれた公園です。実際には、インクルーシブ公園の要望が、市民からの声として、自治体へ挙げられても、「全国的には数例のみと聞いており、全国的な導入状況を把握した上で、研究していきたい」と消極的な回答になっています。インクルーシブ公園で大切にされていることは、「障がいがあっても遊びやす

い」ではなく、「すべての子どもがいっしょに遊べる」ということです。あらゆる個性や背景をもつ子どもたちが、いっしょに混ざり合って遊ぶことで、多様性への相互理解を深め、インクルーシブな地域社会につながれることが理念とされています。インクルーシブ社会の形成は、国内外の動向を踏まえると、日本の社会的命題の一つと位置づけられるでしょう。

　また、地域の安全性向上の点から、防災機能・防犯対策の強化も求められています。街区公園をはじめとする住区基幹公園は、小学生のあそび場や乳幼児をもつ親子の社交場としての機能だけでなく、高齢者や就業者、近隣住民にとっての憩いの場・癒しの場、防災拠点といったように、災害時の避難場所としての防災機能を備え、防犯対策を講じた地域の場とし、地域の安全性を向上させることが必要となり、求められる役割が多様化しています。

Q：公園整備を考えるとき、地域住民の意識改革がなぜ必要なのか、教えてください。

A：多様化したニーズに対応した公園整備の必要性の中で、地域住民からの苦情や意識改革の必要性は、極めて大切であり、必要です。外あそび環境の整備を進めるには、子どもの健全な成長における外あそびの重要な役割を、地域の大人が理解する必要があります。現状、地域住民の理解不足から生じている状況について、子どもの遊ぶ声やボールの音が騒音と捉えられ、住民は役所に苦情を言います。苦情を言われた役所は、公園に「大声禁止！」「ボールあそび禁止！」等の看板を立て、様々な利用ルールを作ります。そこに、子どもの声が反映される余地はありません。子どもたちがのびのびと遊ぶことのできる環境があるかというと、決してそうではないように思います。また、少子化や高齢化の影響もあり、公園やあそび場は、高齢者の利用が優先され、子どもは何となく隅っこの方で、邪魔にならないように遊んでいるような光景も目にします。さらには、核家族や共働き家庭の増加で、あそびを見守ることのできない家庭が増えています。本来であれば、地域で保護者の代わりに見守ってくれる大人がいればよいと思いますが、そういうわけにもいかず、子どもが地域で遊ぶ機会は、さらに減っているように思います。

　現代の子どもたちが、安全で、安心して外あそびができない大きな原因の一つとして、子どもと地域コミュニティが分断しているのではないかと考えます。子どもたちにとって遊ぶ場所は、どんな時代が変わっても、今も昔も変わることなく、自分の住み慣れた地域であるはずです。そうであるならば、地域で遊ぶ子どもたちを、地域の人たちがもっと大切に育ててあげるようなコミュニティにならなくてはなりません。外あそび推進を通じて、地域住民と子どもの分断をなくし、子どもを見守り育てるという意識づくりと、責任を分かち合うという気運を醸成する必要があります。つまり、外あそびの推進は、地域の分断を解消し、子どもを大切にしたコミュニティの形成につながります。

Q：どうすれば、地域や行政の外あそびに対する理解が促進されるのでしょうか。

A：3つの可能性についてお話します。1つ目は、基本法・基本計画における「外あそび推進」の重要性を明記すること、2つ目は、外あそび環境を積極的に整備する自治体への助成金を付与すること、3つ目は、地域コミュニケーションの軸となる新たなあそび場の確保です。

　1つ目の基本法・基本計画における「外あそび推進」の重要性の明記については、地方にとって最上級の計画は、総合計画となるため、地方自治体の総合計画に「外あそび推進」を明記することと考えます。そのためには、国の子ども政策における基本計画や基本方針に、外あそびの重要性が明記される必要があります。例えば、「子ども子育て支援計画」のように、国が基本計画を策定し、それにならって県が計画を策定する、県にならって市町村が策定するといった計画があります。その大もとである国の基本計画に、「外あそび推進」の文言が明記されることにより、県も市町村もそれにならい、実効性のある計画が策定されると考えます。2つ目の外あそび環境を積極的に整備し、子どもを大切にしたまちづくりを行う自治体への助成金の付与についてですが、子どもを大切にしたまちづくりを行う自治体を、国が助成金を通じ、積極的に支援することが求められます。そして、3つ目の新たなあそび場の確保では、地域の身近なあそび場が減少している現代において、子どもたちが安全にのびのび

と遊べる場所を確保するために、また再形成する視点から、地域コミュニティの中でいかに新たな外あそび環境を構築すべきかという点においては、現代の子どもたちの生きる力を育みながら、感性を刺激し、心身ともに健やかな成長を促すために、日常生活をする地域に根付いた子どものあそび場の整備が極めて重要と考えます。

Ｑ：今日の地域の子どものあそび場の現状と課題

Ａ：かつては、子どもたちが近くの公園や路地、空き地で遊ぶ光景が日常でしたが、テクノロジーと暮らしの便利さが進化する中、子どもたちが、日常生活の中で自然とのつながりを感じながら、安全かつ思いきり遊ぶことのできる空間が少なくなっています。特に、自動車の普及により、人と車の事故が、子どもたちの生活道路で多発しており、住宅の街路では安全性や快適性が損なわれています。1970年代に、曜日や時間帯を区切って車の通行を規制し、安全な子どもの遊び場を作るために創設された歩行者用道路（遊戯道路）は東京都内ではまだ数多く残っていますが、管理や担い手の問題から、現在ではほとんどの自治体で廃止されているか、あってもほとんど機能していません。石川県でも、2020（令和2）年に、最後の遊戯道路が廃止となりました。地域の主なあそび場であるはずの公園においては、安全管理の問題や多くのルールが存在し、高齢者優先で利用され、子どもたちがのびのびと遊べない状況があります。今、子どもたちを取り巻く環境に様々な分断が生じています。開発により自然環境が著しく減少していることから、自然との分断が生じ、核家族化やマンション暮らしの普及によりコミュニティが欠落し、家族や園の保育者や学校教員以外の大人との間にも分断が生じています。地域における子どものあそび空間の減少は、こうした分断をさらに加速させています。地域において、子どもたちの外あそびを推進していくことは、地域住民と子どもとの分断をなくし、地域全体で子どもたちを見守り育てるという意識づくりと、責任を分かち合うという気運を醸成することにつながっていきます。地域コミュニケーションの軸となる新たなあそび場を確保することは、地域コミュニティの形成に極めて重要です。

Q：地域における新たな外あそび環境の案はありますか？

A：地域の活性化につながる新たなあそび場として、その普及が検討されるべき案としては、「みちあそび」があります。**みちあそび**とは、住宅地の道路を、数時間住民主導で歩行者天国として開放し、「子ども」「みち」「あそび」を通じて、地域で人と人が出会える取り組みであり、大人も子どもも住みよい街を考えるきっかけを生み出すものです。また、異年齢・多世代の人たちとの出会いが数多く生まれ、人間関係やコミュニケーションの大切さを学ぶ機会となり、高齢者と子どもの分断をなくすことができます。そして、地域が活気づくため、「自分たちのまちを自分たちで楽しくしたい」という感性をもつ人たちが増え、地域に活気が生まれます。そのために、「みちあそび」という地域に根差した取り組みが日本全国に普及するためには、自治体により警察の対応がバラバラである状況を改善し、道路使用許可を取りやすくする等の普及のための法の見直しが必要です。

Q：子どもと子どもを取り巻く大人（行政・地域住民）の意識改革について、考えを教えてください。

A：子どもの健全な成長のための外あそびを推進するためには、子どもが安全・安心に外あそびをすることができる環境を整備する必要があります。しかし、現状では子どもたちが外でのびのびと遊ぶことを阻害してしまう要因が多数存在しています。そこで、子どもの外あそびを阻害する要因や課題を抽出し、それらの課題を解決するための可能性を探るとともに、行政や地域住民など、大人の意識改革の必要性について述べてみます。

(1) 現状の認識と課題ですが、①公園における多数の禁止事項（ボールを使用しない、大声を出さない等）により、子どもが公園でのびのびと遊べない。②子どもの貴重なあそび場である公園を高齢者が優先的に使用している。③核家族化・共働き家庭の増加により、保護者があそびを見守ることができない上に、地域にも代わりとなる大人がおらず、子どもが地域で遊ぶ機会が減少している。→ 子どもたちが安全で安心に外あそびができない大きな原因の一つとして、子どもと地域コミュニティの分断が

あるのではないかと考えました。

（2）目指すべき状況・構築されるべき環境ですが、子どもにとって遊ぶ場所は、どんなに時代が変わっても、今も昔も変わることなく、自分の住み慣れた街であり、地域であり、コミュニティであるはずです。子どもの声が騒音と捉えられたり、大人があそび場を占有したりする等、公園や屋外空間で子どものあそびが制限されるという状況を変えるためには、地域で遊ぶ子どもたちを、地域の人たちがもっと大切に育ててあげるようなコミュニティにならなくてはならないはずです。外あそびの推進を通じて、地域住民と子どもの分断をなくし、子どもを見守り、育てるという意識を醸成することができれば、子どもを大切にしたまちや、コミュニティの形成へとつながっていくのではないかと考えます。

（3）解決策としての国の施策・制度への要望として、外あそびの推進を通じて、地域住民と子どもの分断をなくすためには、地域住民が子どもの外あそびを受け入れ、子どもの健全な成長について、そして、それにおける外あそびの重要な役割について、自治体が地域住民の啓発を行うことにより、未来を担う子どもを社会全体で育てるという意識を醸成する必要があります。そのための具体的な方策として、①基本法や基本計画に「外あそび推進」の重要性を明記すること、②外あそび環境を積極的に整備する自治体への助成制度を設けること、③地域コミュニケーションの軸となる新たなあそび場を創設することが考えられます。

（4）基本法や基本計画に「外あそび推進」の重要性を明記することの意義については、法案の中に、子どもの外あそびの権利を明記することが何よりも重要と考えます。また、地方自治体にとっては最上級の計画として、総合計画がありますので、本計画の中に外あそび推進を明記することも重要です。さらに、法律や総合計画でなくても、例えば、「子ども子育て支援計画」のように、国が計画を策定することで、それにならって県や市町村が計画を策定するような計画があります。その大本である国の計画に、外あそび推進に対する文言が明記されると、おのずと県も市町村もそれにならうことになりますので、実効性のある計画が策定されると

考えます。

（5）外あそび環境を積極的に整備する自治体への助成制度を設けることの意義については、日本が批准している条約に、子どもの権利条約があります。子どもの権利条約の第31条には、「遊ぶ権利」が明記されていますが、この条約を具現化する取り組みとして、ユニセフの「子どもにやさしいまちづくり事業」があります。こうした取り組みは、今後、全国的に広がっていくことが望ましいので、そうした自治体への支援策を講じる必要があると考えます。

（6）地域コミュニケーションの軸となる新たなあそび場を創設することの意義については、都心部であろうと、郊外であろうと、少なからず地域資源は存在するはずです。そういった地域資源を生かしたあそび場で、自然とふれあい、地域住民と交流しながら行う外あそびは、子どもにおいて自然との共生、サステナブルな未来やまちづくりに貢献できるという意識を育みます。また、自然環境を備えた場での外あそびは、子どもの感性、五感を磨き、生きる力を養うものであり、現行の学習指導要領の基盤となっている持続可能な開発のための教育が目指す、子どもの資質や能力の獲得につながるものと考えます。基本計画の中に「外あそび」の概念が入っていなければ、事業における外あそびの可能性はなくなってしまうことが懸念されます。これから事業を推進するにあたっては、基本計画の策定段階において、「外あそび」の概念を盛り込むよう、地方自治体に対して助言することが重要です。

Q：子どもたちが安全で安心に外あそびができない原因は何ですか？

A：子どもと地域コミュニティの分断があるのではないでしょうか。子どもにとって遊ぶ場所は、どんなに時代が変わっても、今も昔も変わることなく、自分の住み慣れた街であり、地域であり、コミュニティであるはずです。現在の子どもたちが置かれている状況を変えるためには、地域で遊ぶ子どもたちを、地域の人たちがもっと大切に育ててあげるようなコミュニティにならなくてはならないし、外あそびの推進を通じて、地域住民と子どもの分断をなくし、子

どもを見守り、育てるという意識を醸成することができれば、子どもを大切にしたまちや、コミュニティの形成へとつながっていくのではないかと考えます。そして、その具体的な方策として、基本法や基本計画に「外あそび推進」の重要性を明記すること、外あそび環境を積極的に整備する自治体への助成制度を設けること、地域コミュニケーションの軸となる新たなあそび場を創設することの３点を提案したいものです。

Ｑ：子どもたちが健全に育っていくためには、外あそびが重要ですが、降園後・下校後の家庭や地域において、外あそびの時間を確保することは難しい状況となっています。まずは、親や保育者・教育者の意識面からの改革が必要ですが、現状はどうでしょうか。どうしたらよいのでしょうか。

Ａ：親をみてみますと、共働きが大多数を占める子育て世帯においては、保護者の帰宅が遅かったり、大人の夜型生活に巻き込まれたりして、子どもの生活の夜型化が進み、生活リズムの乱れが生じています。そのため、外あそびが行われず、ますます生活リズムが乱れ、子どもの活動力や体力が低下するという悪循環が起こっています。また、外あそびの重要性を知らず、紫外線や熱中症、日焼けすることを不安に思い、暑さ・寒さ等から子どもたちを守ろうと、外あそびを避ける傾向があります。さらに、コロナ禍の自粛生活で拍車がかかりました。そして、屋外で、親子でどのようなあそびができるかわからない現状もあります。対策としては、子どもの成長にとって、外あそびが重要であることの、正しい理論を共有していきます。親子で、からだを使っての外あそびを知ってもらったり、おたよりや参観日、運動会などで示したりします。

　子どもをみてみますと、園の自由あそびの時間に、暑さや寒さから、外へ行きたがらない状況にあります。園庭に出ていても、同じあそびしかしていません。砂場や飼育動物の観察など、静的なあそびを好む子どももいますので、楽しい外あそびの経験をさせたり、まわりの大人が外あそび時間の確保をしたり、安心・安全の場所の整備、楽しい外あそびの奨励、工夫が必要です。

　園や学校における現状の課題として、天候（異常気象）、カリキュラム、ス

ケジュール、安全管理などの問題だけでなく、保育者や教育者の外あそびの重要性についての認識の欠如・不十分さが挙げられます。日々のカリキュラムに忙殺され、外あそびの取り組みをするまでにいかない状況で、消極的に感じます。園庭がない場合、近くの公園も地域の利用者との兼ね合いから、園児が思い切り遊ぶことが難しくなっています。安全管理の面から、積極的に子どもたちと遊べなかったり、楽しい外あそび経験をさせることができなかったりします。保育者・教育者自身の外あそび経験の不足もあります。始業前、休憩時間、昼休み、放課後に、子どもたちがからだを動かす取り組みがなされていません。小学校の放課後は、子どもの安全への配慮から、学校に残って遊ぶことをとりやめる状況となりました。あわせて、教員の仕事も多忙となり、子どもに付き添って遊ぶ余裕はない状況です。

　また、課外クラブの指導に熱心な教員は、児童を集め、早朝練習、放課後練習、土日の練習や試合を実施しています。土日は４時間以上の指導で手当が出ますが、課外クラブの指導教員の中には、放課後の校庭での練習が思うようにできないことを理由に、校庭開放をよく思わない場合もあります。教員は、放課後は地域がしている活動と捉え、特に教員は関わる必要はないという意識で、様子を見に行ったり、地域の方に声をかけたりするかかわりは希薄です。職員以外の人が、学校施設を自由に使用したり、校内に出入りしたりすることへの理解も好意的ではないことも多いです。

　対策としては、年間指導計画、デイリープログラムに、「外あそび」を計画的に導入します。職員間での意思統一を行います。研修や講演会に参加し、子どもの外あそびの重要性について学び、外あそびのレパートリーを増やして、意識改革と実践力を身につけます。保護者に子どもの家庭でのあそびの実態を調査し、園の保育実践に活かします。園の取り組みを保護者にも伝え、家庭での実践を促します。保護者に歩くこと、からだを動かすことの重要性を、おたよりや保護者会を通して周知します。保護者に休日の過ごし方についても提案していきます。外あそびが子どもの成長に大切であることを理解してもらいます。とくに、運動以外の視点を理論として知ってもらいます。始業前、休憩時間、昼休み、放課後に、子どもたちがからだを動かす取り組みを小学校全体で

実践します。あそび場所としての校庭開放の必要性の理解を促します。教室的な指導ばかりでなく、自由あそびの機会も大切にしてもらいます。学校施設の開放の意義を学校単位で共有していきます。そのための説明や学校の方針として実施することを確認します。教育時間は、教員が担当、放課後は地域（保護者・見守りをする機関など）が担当し、自校の児童を育てるという意識をもつように促します。あそびの見守りや遊んでくれる人がいること、外あそびのイベントで楽しんでいる子どもたちの様子にふれること、利用する保護者からのよい評価を聞くことで、外あそびの必要性を実感し、支援体制を整えていきます。

　目指すべき状況は、親、保育者・教育者が、子どもの健全な成長のための健康的な生活リズムの形成について、また、それにおける外あそびの重要な役割について理解します。外あそびによって、子どもが社会で活躍するために必要な資質・能力が育成されることについても、保護者の認知を高めます。子どもたちが、外あそびを楽しく、わくわくする体験と認識し、外あそびのおもしろさで子どもの興味・関心を喚起するために、子どもの外あそびをサポート・指導する人材を確保する体制を、横断的に整備します。そうした人材が子どもを外あそびに導きながら、そのおもしろさを子どもが理解して日々実践できるようにします。

Ｑ：保育者・教育者には、子どもの健全な成長のための健康的な生活リズムの形成について、また、それにおける外あそびの重要な役割について理解、認知を高められるよう、保護者に対する啓発、都道府県単位や市町村単位への研修をどのように実施したらよいのか、良い案があれば、教えてください。

Ａ：保護者には、母子手帳への掲載、検診時に渡すリーフレット、講演会などで、子どもの健やかな成長・発達には外あそびが必要であることや簡単なあそびについて周知していきます。保護者に対する啓発は、経済的困難を抱える家庭や障害のある子どもの家庭に対しても配慮しながら行われるようにします。また、講演や実技研修で理論的に学び、実施状況をビデオ等で見て、さらなる

理解を深めます。

Q：小学校児童の放課後の居場所としての校庭開放はなされていますか？その
　　ための促進は、どのようにしたらよいでしょうか？

A：校庭開放がされていても、見守りにおける学校側の負担に対する心理的
ハードルや、登録された既存の地域スポーツクラブを中心に利用されている状
況があり、スポーツクラブに加入していない子どもたちが自由に遊ぶ自由開放
の時間が確保されていないという問題があります。解決策としては、地域ス
ポーツクラブによる利用とのバランスをとりながら、実際には、見守り人材を
配備し、校庭の自由開放を促進していくことが求められます。国や行政への要
望として、①放課後事業の予算の増加により、外あそびをサポートする人材を
配備するとともに、民間参入機会の促進により、その配備を拡充すること、②
地域のスポーツクラブの利用と、一般児童への校庭開放による利用とのバラン
スをとるための協議会の設置と実行を、文部科学省から自治体に通達していく
仕組みづくりを願います。

Q：未就学児の外あそびの場としての園庭の開放・利活用の促進のためには、
　　どのようにしたらよいでしょうか？

A：地域によって、園庭開放の頻度や内容にばらつきがあったり、開放されて
いても利用者のニーズに即していなかったりしています。**解決策としては、子
育て支援の一環として、地域格差なく、園庭開放を積極的に実施していくこと
です。国や行政への要望としては、地域子育て支援拠点事業における園庭の必
須化を図ることです。そのために、①園庭解放の必須化のために必要な費用を
補充するための子育て拠点事業の予算の拡充**、あそびの提供・見守り・子育て
相談などが行える人材の確保、安全に展開するために、子育て支援事業を総合
的に補償する保険の取得、園庭がない場合の代替場所確保にかかる費用を準備
することです。また、**②認定拠点の拡大のための認定基準の見直しも必要で
す。**自治体の子育て支援事業における園庭開放の必須化、および、そのための
地方交付金の配布を通じた子育て支援事業の予算の増加と園庭開放への配分額

の確保をしていただきたいものです。

Q：地域における外あそびの場の確保の現状とすべきことを教えてください。
A：地域の最も身近なあそび場である街区公園の整備について考えてみると、安全面、防犯面、衛生面の懸念、および、利用者の多様化するニーズに対応していないことから、街区公園の子どもの利用が減少しています。**解決策としては**、子どもの利用を安全に促進するための街区公園の整備と人材確保です。国や行政への**要望**としては、年間維持管理費拡充および人材確保による持続的な安全衛生管理および防犯対策です。多様なニーズに対応するための整備として、年齢や性別、障害の有無を問わない、ユニバーサルデザインの運動遊具や施設を配備したインクルーシブなあそび場の整備です。個性ある魅力的な公園、乳幼児（0～2歳の低年齢児）も安心して遊べるコーナーや遊具の設置された公園づくりをお願いしたいです。

Q：地域コミュニケーションの軸となる新たな外あそび環境の整備は、どうなっていますか？
A：地域における子どもが遊べる場所の不足により、自然との分断や地域コミュニティの欠落が生じ、深刻化しています。その**解決策としては**、地域コミュニケーションの拠点として新たな外あそびの場として、「みちあそび」のような地域に根差した取り組みの活性化を応援する仕組みづくりを行うことです。「みちあそび」の普及のための自治体ごとの警察の対応がバラバラである状況の改善、および、道路使用許可を取りやすくする等の普及のための法の見直しが求められます。

Q：子どものあそび仲間づくりの支援として、良い方法はありますか？
A：地域における仲間の不在や室内あそびの主流化により、子どもが外あそびをするきっかけを得られず、室内で過ごす時間が増加しています。基本的な解決策としては、室内あそびに勝る外あそびの魅力を伝え、子どもたちを外あそびに引き込む人材の育成と配備を計画・実施することでしょう。国や行政への

要望としては、健全な子どもの外あそびについて、また、その成長における外あそびの役割を含む外あそびについて、包括的にまとめたガイドブックの作成と普及があります。また、地域の外あそびと関連性の高い既存人材をはじめ、広く、学生をも含む子ども支援希望者らを対象に、包括的ガイドブックを利用した外あそびの重要性の啓発、研修・講習会を通じた外あそび人材の育成です。自治体が提供する場や保育・教育施設などの外あそびに適した場における外あそび推進人材の配備が求められます。国による放課後事業予算の拡充を通じた、ケガや事故の際の外あそび推進人材を救済・補償する制度の整備や、外あそびに関する研修を受けた人材を雇用した施設への補助金の付与など、積極的配備へのインセンティブの設定（動機づけ・報奨金・表彰）が考えられます。

Q：外あそび時間の確保にあたっての問題は、何でしょうか？

A：デジタルデバイスの利用時間が増加する中、長時間のデジタルデバイス利用による子どもへの負の影響が懸念されます。**解決策としては**、外あそび時間の確保と実践を通じて、デジタルデバイスの過度な利用による負の影響を緩和・相殺していくことが求められます。国や行政への**要望として**、政府が示す子どものインターネットやICT関連の施策・ガイドラインにおいて、デジタルデバイスの適度な使用と合わせ、一定時間の外あそびの奨励を明記することが求められます。とくに、デバイスやコンテンツを提供する企業が外あそびの重要性を伝えるセーフティコンテンツを提供することのインセンティブの設定を行うことが大切です。

Q：子どもの放課後の実際について、気になることを教えてください。

A：私の子ども時代は、放課後は自由に遊べる、とても楽しい時間でした。しかし、今の子どもたちを見ていると、あそび場という空間はないし、友だちという仲間も集わないし、みんなそれぞれが習い事をはじめとする個別の活動で、自由に遊ぶ時間もないし、結局、家でゲームと動画を見て過ごしているのがとても気になります。授業が終わってから暗くなるまで、少なくとも、毎日、数時間ある「放課後」の時間ですが、今では、自宅で、ひとりで過ごす子

どもがたくさんいるわけです。放課後を自宅で過ごす子どもは、幼児期から激増しています。昭和30年・40年代は、夕方の日没の時間まで、子どもたちが校庭や公園や路地、広場で遊びまわっている光景が当たり前でしたが、現在では、小学校低学年の子どもたちの平均外あそび時間は30分程度、高学年でも40分程度に減少してしまいました。また、ボールが家に飛んでくる、花壇に入ってボールを取りに来る、騒いでうるさい等という、地域住民の方からの苦情の懸念から、公園や広場でにぎやかに遊ぶことや、様々な年代の子どもたちが気軽に集い、助け合ったり、教え合ったりすることも難しくなっている現状です。今日の日本の子どもの放課後には、子どもが楽しく遊ぶために必要な時間、空間、仲間が不足したり、喪失したりしています。さらに、2020年からは、新型コロナウイルス感染症の流行によって、この状況に拍車がかかりました。三密を避けるために、家で過ごす時間がさらに増えた結果、この3年間で、子どもたちの運動量が著しく少なくなっており、体力の低下が起こりました。日中に太陽のもとで、からだを動かすことは、体力向上だけではなく、脳の発達や自律神経機能の強化、近視の発症予防と進行抑制、情緒の安定、創造性・自主性の向上などにつながっていきます。戸外に出て、しっかり遊んで、ぐっすり眠るという、あたりまえの健康的な生活がしづらくなっている現代、子どもたちの健全な成長・発達への影響が心配されています。地域のひらかれたあそび場や居場所が不足する現状が続くと、家庭の経済格差が子どもたちの体験格差につながってしまうことが懸念されます。習いごとやスポーツクラブ、週末の外出など、お金のかかる体験活動の実施率は、家庭の収入に比例していくことも明らかですので、注意が必要です。

Q：子どもの放課後の気になることの改善策を教えてください。

A：放課後の午後3時〜5時の間に、子どもたちの居場所を模索し、そこで、「外あそび」を活発化させることこそが、子どもたちの孤立を解消し、健全な成長を促すための切り札になると考えます。すでに、学童保育・放課後子ども教室・子ども会など、公的事業を含む様々な放課後活動が存在していますが、これらの活動は予算不足と感じます。それは、活動の頻度や定員が少ないこ

と、必要とする子どもたちすべての「居場所」になりきれていないことから、いえることでしょう。また、ガキ大将不在の今日は、外あそび経験が乏しい現代の子どもたちにとって、安全を見守るだけでなく、外あそびの魅力を伝え、促してあげる大人や指導者の存在も必要です。こうした人材が不足すると、せっかくの放課後活動も、室内で宿題をしたり、おとなしく過ごしたりするだけになってしまいます。そこで、①学童保育・放課後子ども教室など、既存の放課後事業への、国からの配分予算を増やして、すべての子どもたちの放課後を充実させてもらいたいと願います。②子どもたちの外あそびを「促し」「応援する」場所と人材を、十分に確保する計画と実践が必要です。③学童期のことだけでなく、その前からの、いわゆる乳幼児期からの配慮が必要です。例えば、既存の街区公園の整備と、低年齢児、中でも、0・1・2歳児の安全なあそび場の確保・整備をお願いしたいものです。放課後事業は、学校施設に設置されることが望ましいですが、子どもたちの見守りやケガの責任が先生たちに課せられてしまう懸念が、自由開放や施設利用推進の大きな壁になっていると思います。そうした負担を軽減するためにも、放課後事業に特化した人材の十分な確保、そういった人材の間でのあそびや外あそびに関する知見の蓄積が重要です。これによって、平日の放課後に、すべての子どもたちが、校庭や学校施設、街区公園や広場、その他のあそび場で、のびのびと遊び、楽しい時間を過ごすことができるようになります。

　日本の子どもたちの安心・安全な居場所を確保し、外あそびを少しでも復活させていくことが、特にコロナ禍においては、本当に重要です。少子化が進む日本だからこそ、未来を担う一人ひとりの子どもたちが安全で、より健康に、そして、より幸せに、大人になっていくことができるよう、ご理解とご協力をお願いしたいものです。国に対しては、外あそびの環境づくり、環境整備のための予算を増やしていただきたいものです。とにかく、放課後に、家で孤独に過ごす子どもを減らすための応援・努力をしていただきたいと願います。国の指導者層に、子どもへの理解のある人を増やしていきたいものです。

Q：子どものあそび場は、どういうところがよいのでしょうか？

Ａ：子どもは、「あそび場と家とが近いところ」「自由にはしゃげるところ」であれば、安心して、あそびを発展させることができます。筆者が子どもの頃は、道路や路地、空き地でよく遊びました。遠くにあそびに行くと、あそびの種類は固定されましたが、家の前の道で遊んでいれば、あそびに足りないもの（必要な道具）があると、すぐに家から持ってくることができました。遠くのあそび場であれば、あそびの道具や必要なものを取りに帰って、再度、集まろうとすると、多くの時間がかかりました。ですから、家から近い所は、たとえ道路であっても、それは居心地の良い空間だったのです。また、子どもの特徴として、集中力の短い幼少児期には、家の前の道路や路地は、ほんのわずかな時間でものを取りに帰ることができ、短い時間であそびを発展させたり、変化させたり、継続できる都合の良い場所でした。中でも幼児は、長い間続けて活動できませんし、活動や休息の時間は、きわめて短いのです。さらに、休息の仕方も何かと動きを絶やさない形で休息します。つまり、幼児の活動と休息は、短い周期でくり返されていきます。このリズムが、まさに、子どもの「あそび」と「ものを取りに帰る時間（休息）」との周期に合っていたので、親が迎えに来るまで、いくらでも楽しく遊ぶことができていたのでしょう。なお、道路や路地も土だったので、好きな絵を描いたり落書き等ができたし、石や瓦を投げても、地面の上で止まりました。雨が降ると、水たまりができるので、水あそびもできました。地面は、あそびの道具だったのです。また、相撲をしても、アスファルトやコンクリートとは違い、転んでも痛くなく、安全でした。親は、家の台所から遊んでいる子どもたちの様子が見えていたため、安心していました。いざというときにも、すぐに助けることができました。

　今日のように、単に安全なスペースがあって、緑の景観を整えて、落ちつきのもてる地区の一カ所に、「子どものためのあそび場を作りましたよ」では、子どもは遊ばないのです。また、自由にはしゃぐことができなければ、子どもは自由な活動を抑えてしまうのです。「静かにしなければ迷惑になる」「きれいに使わないといけない」「土を掘ってはいけない」「木に登ってはいけない」「球技をしてはいけない」という条件のついた空間は、子どものあそび場には適さないのです。自然とのふれあいをもっと大切にして、子どもたちが「自らの発

想を実際に試みること」を応援してもらえるような公園（施設）と見守り（監督）が必要です。つまり、木に登ったり、地面を掘って基地を作ったり等、子どものアイデアをもっと試みさせてもらえるあそび場や公園が求められているのです。とくに、外あそびの実体験を通して得た感動体験は、子どもの内面の成長を図り、自ら考え、自ら学ぶ自立的な子どもを育んでいきます。したがって、幼少児期には、自由に公園や広場などのあそび場を使ってはしゃげることが大切で、それらのことが、子どものあそびを、いっそう発展させていくのです。

Q：子どもたちの成長にとって、「三間（サンマ）」の重要性と、どのようなあ
　そびがよいのか、教えてください。

A：子どもが健全に育っていくためには、「時間」「空間」「仲間」という、三つの「間」が必要不可欠です。ところが、現代はこの「三間（サンマ）」が喪失し、どうかすると「間抜け現象（前橋　明 2003）」に陥っています。運動して、エネルギーを発散し、情緒の解放を図ることの重要性を見逃してはならないのです。そのためにも、とくに幼少児期には、2時間程度の午後の外あそびが非常に大切になります。この「間抜け現象」が進行する中で、気になることは、子どもたちの大脳（前頭葉）の働きが弱くなっているということです。鬼ごっこで、友だちから追いかけられて必死で逃げたり、木からすべり落ちそうになって一生懸命に対応策を試みることによって、子どもたちの交感神経は高まっていきますが、現在ではそのような、安全な外あそび環境の中での架空の緊急事態がなかったり、予防的に危険そうなあそびは制止され過ぎて、発育発達上、大切な大脳の興奮と抑制体験が、子ども時代にしっかりもてなくなっているのです。あそびを通して、友だち（人）とのかかわりの中で、成功と失敗をくり返し、その体験が大脳の中でフィードバックされていくと、大脳の活動水準がより高まって、おもいやりの心や将来展望のもてる人間らしさが育っていきます。また、ワクワクして熱中するあそびの中で、子どもたちはエネルギーをしっかり発散させて、情緒も安定し、さらに時間の流れや空間の認知能力をも発達させていきますが、あそびの時間や空間、仲間という3つの「間」

が保障されないと、小学校の高学年になっても、興奮と抑制のコントロールのできない幼稚型の大脳のままの状態でいることになります。つまり、大人に向かう時期になっても、押さえがきかなく、計画性のない突発的な幼稚型の行動をとってしまうのです。子どもたちと相撲や取っ組み合いのあそびをしてみますと、目を輝かせて何度も何度も向かってきます。そうやって遊び込んだときの子どもは、興奮と抑制をうまい具合に体験して、大脳（前頭葉）を育てているのです。今の子どもは、そういう脳やからだに良い外あそびや活動へのきっかけがもてないのでしょう。生活の中で、育ちの旺盛な幼少年期に、外でからだを使う機会がなくなると、子どもたちは発達しないうちに衰えていきます。便利で快適な現代生活が、発育期の子どもたちの発達を奪っていきますので、今こそ、みんなが協力し合って、子どもの心とからだのおかしさに歯止めをかけなければなりません。そのためには、まず、子どものあそびを大切にしようとする共通認識をもつことが重要です。「安全な外あそびの中で、必死に動こうとする架空の緊急事態が、子どもたちの交感神経を高め、大脳の働きを良くすること」「外あそびの中では、成功体験だけでなく、失敗体験も、大脳の前頭葉の発達には重要であること」「子どもたちには、日中にワクワクする集団あそびを奨励し、1日1回は、汗をかくくらいのダイナミックな外あそびが必要なこと」を忘れないでください。

Q：四季の外あそびは、からだに良いのでしょうか？

A：今日の子どもの生活を見渡すと、食べ物でも、運動でも、季節や自然との遊離を強く感じるようになってきました。野菜や魚介などの実りの時季で、最も栄養価が高くなって、一番味の良い時季のことを旬といいますが、今日では、四季の変化に応じて、旬のものを食べることも、四季ならではの外あそびや運動をすることも少なくなり、メリハリがなくなってきたように感じます。筆者が子どもの頃（昭和30年・40年頃）は、いちごは初夏からしか食べられませんでした。しかし、今では、1年中、いちごが店頭に並び、いつでも食べられるようになりました。また、夏には、暑いので水あそびや水泳をしました。冬に湯を沸かして、泳ぐことはしませんでした。水あそびが始まると、そ

こに泳ぎや潜りの競争あそびが自然に始まりました。知恵や創造性が、四季折々に大きく育まれていたのです。この四季の特徴を生かしたあそびが、季節の旬の活動であり、そこで多くのあそびのバリエーションが子どもたちの知恵（創造性）により生み出され、その工夫の積み重ねと活動体験が生きる力の土台となっていったのです。つまり、かつての子どもたちは、自然の変化に応じて、その時々の旬の食べ物を食べ、豊かな栄養を得て、季節の特徴を生かして考えだした外あそびや運動を楽しんでいたのです。また、四季があるということは、寒いときもあり、暑いときもあるということですから、それだけ幅の広い温度差に接し、からだも、その差に対する対応力や抵抗力を身につけなければならないわけです。もっと自然にふれて、暑いときには、暑いときにしかできない旬の外あそびや運動をしっかり経験させることで、子どもたちは自身の自律神経の働きをよくし、身体機能を向上させるだけでなく、人間のもつ五感を十分に養い、豊かな感性を四季の変化の中で、自然な形で育てていくことにつながっていきます。自然破壊が進む中で、私たち大人は、子どもたちにもっと自然の大切さや魅力をあえて教え、とりわけ、日本では四季の変化に応じた自然からの恵みを受けていることを感じさせ、その幸せを感じる外あそび体験をしてもらいたいものです。自然に対し、自然からの感動や安らぎを得た経験をもつ子どもたちこそ、本当の自然の大切さを感じることのできる大人になっていくことができるのです。

Q：冬場は寒くて外に出るのがおっくうです。外あそびを控えさせてもよいでしょうか？

A：冬場は、寒くて外に出るのもおっくうになりがちです。これは、大人の感覚で、「子どもは風の子」と言われるように、少々の寒さも平気で元気に外で走り回って遊ぶ子どもの姿が見られます。しかし、夏と冬の気温差は、東京では約20℃もあり、冬には昼の時間が夜より約4時間程度も短くなります。ですから、子どもたちは遊んでいるようでも、1年間というサイクルの中でみますと、冬場は活動量が1年の中では最も少なくなる時期だといえるでしょう。このような自然環境の変化は、子どもの活動性を変化させるとともに、冬に体

重の増加率は大きくなり、ヒトのからだにも影響を及ぼしていきます。子ども
たちが寒い時期に外に出て運動しないのはしょうがないかと思われるかもしれ
ませんが、ここで、寒い中、外で遊ぶことや運動することの意義や方法を考え
てみます。

　①冬は気温が低いため、たくさん運動しても汗をかきにくく、疲労しにく
いと考えられます。したがって、夏場よりも運動量を確保しやすいのです。②
冬の外あそびで、気温が低い外の空気に触れると、からだは、体温を逃がさな
いように鳥肌を立てます。このことは、からだの恒常性を保つ自律神経の働き
を活発にすることにつながります。③気温が低いと血管は収縮しますから、心
臓への負荷が大きくなります。つまり、血液を送り出すために、心臓もしっか
り活動しなくてはならないということです。④外あそびをすることで適度な疲
労があると、熟睡のための効果があります。⑤外あそびの種類としては、から
だが暖まって、ある程度の時間は継続できる全身運動的なあそびがよいでしょ
う。例えば、鬼ごっこ、かけっこ、ボールあそび、縄跳び、少し長い距離の散
歩あそび等があげられます。したがって、寒い時期こそ、外でからだをしっか
り動かして外あそびに熱中することは、子どもたちのからだの発育や発達に
とって、大変良い刺激となるといえます。このようなことから、体力低下・運
動不足の問題が指摘される今の子どもたちにとって、冬こそ、外で遊ぶ時間を
もっとつくってもらいたいのです。

**Ｑ：子どもの「外あそび」の重要性に、社会が真剣に気づき、向き合っている
　　のでしょうか？**

Ａ：近年、家庭における子どもたちは、室内でテレビやゲームで遊ぶことが多
く、外に出て全身をフルに使って遊んだり、運動したりすることが少なくなっ
てきました。また、遊ぶ場があっても、保護者の方に関心がなければ、子ども
を外あそびになかなか出さないのが実状でしょう。もちろん、事故やケガ等を
心配してのこともありますが、身体活動量の不足は、脳や自律神経、ひいて
は、心の発達にも大きな負の影響を及ぼすことが、保護者の方々を含め、社会
全般にも十分に認知されていないことが、子どもの健全育成にとっての大きな

ブレーキになっています。外あそびの必要性を多くの人々にご理解をいただく
ために、まずは、保育・教育・保健・体育関係のリーダーの方々が、率先して
保護者の方々や社会に発信していくことが大切でしょう。そして、運動嫌いの
子どもたちには、ぜひとも、外あそびの魅力を味わわせていただきたいと願い
ます。

①園や学校での子どもたちの様子を観察してみますと、自由時間や休み時
間に、園庭や校庭、運動場で遊ぶ子どもたちの姿が減ってきています。園や学
校によっては、独自の特色ある体力向上プランの工夫と実践をされているとこ
ろもありますが、近年、小学校では体育時数削減により、体力向上の継続的な
取り組みができにくい状況にもあります。また、指導者の方によっては、子ど
もの体力低下に対する危機感が薄かったりすることもありますので、ぜひと
も、指導者層に、子どもの「外あそびの重要性」に理解と関心のある方を増や
していきたいものです。

②地域では、親子クラブや子ども会をはじめ、児童館・公民館活動組織、
育成会、社会体育クラブ等が、子どもたちの健全育成を願い、あそびや運動、
スポーツによる様々な行事や活動、教室を実施していますが、現在、そこに参
加する子どもと参加できない子どもの二極化がみられます。また、それぞれの
組織の連携が密になっているとはいえない現状もみられていますので、参加し
たくてもできない子どもへの呼びかけや誘い、各組織間のネットワークづくり
に、みんなで目を向け、力を入れていきたいものです。とくに、地域のひらか
れたあそび場や居場所が不足する現状が続くと、家庭の経済格差が子どもたち
の体験格差につながってしまうことが懸念されます。習いごとやスポーツクラ
ブ、週末の外出など、お金のかかる体験活動の実施率は、家庭の収入に比例し
ていくことも明らかですので、注意が必要です。さらに、総合型地域スポーツ
クラブも、各地で立ち上げられてはいますが、一部地域に限られているように
も感じます。子どもと「外あそび」とのかかわりを、より深めていくためには、
これまでの地域のリーダーや社会体育の指導者育成、そして、私どもの提案す
る「外あそび推進スペシャリスト」の養成と、地域の外あそび環境づくりが、
今後も一層重要となるため、市民や地域でできないことへの「行政のご理解と

ご支援」に大いに期待したいものです。

Q：子どもたちが、日中に外あそびや運動に集中する方法を教えてください。
A：子どもの生活リズム上の問題点の解決策は、「就寝時刻を早めること」ですが、そのためには、「子どもたちの生活の中に、太陽の下での外あそびを取り入れること」が極めて重要です。子どもの場合、夜型化した生活リズムに関する問題解決のカギは、毎日の運動量にあると考えますから、まずは、子どもの生活リズムを立て直すための「日中の外あそびや運動に集中するための方法」を探る必要があります。そこで、その方法をいくつか考えてみましたので、紹介しておきます。各家庭で、手軽にできることから始めてください。

・前夜からよく寝て、疲れを回復させておく（十分な睡眠をとらせておく）。
・朝食をしっかり食べさせる。
・朝にウンチをすませ、すっきりさせておく。
・朝、子どもを気分よく、笑顔で送り出す。
・歩いて登園させて体温を高め、朝のからだをウォーミングアップさせる。
・のびのびと遊べる外あそび空間を用意する。
・友だちと遊べる環境を用意する。
・自由な外あそびの時間をしっかり与える。親が自分のこと（家事）ばかりに気を取られないように、子どもの外あそび時間を確保する。
・親（保育者）も子どもといっしょに遊ぶ。
・楽しさの経験ができる外あそびを紹介・伝承する。
・季節の外あそびや運動の楽しみ方を、親が実際の体験を通して教える。
・テレビ・ビデオはつけず、おやつや食べ物は目につかないようにする。
・子どもの興味のある外あそびや運動をさせる。
・好きな外あそびや運動をしているときは、そっとして熱中させる。
・上手に運動しているところや良い点は、オーバーなくらいしっかり誉め、自信をもたせ、取り組んでいる戸外運動を好きにさせる。
・子どもが「見てほしい」と願ったら、真剣に見て、一言、「よかったよ」とか、「頑張ったね」と言葉を添える。

・幼児には昼寝をさせて、からだを休めさせる。

・子どもが服を汚して帰ってきたら、叱らずに「よく遊んだね！」と言って誉めてあげる。

・ふだんから、からだをよく動かす習慣にしておく。

Q：子どもにとっての安全な外あそび場とは、その条件を教えてください。

A：子どもの行動は実に多様で、予想外の場所や動きから、大きな事故の発生することが予測されます。子どもたちが健康でケガや事故のない生活を送るためには、私たち大人が、子どもの利用する施設や設備の環境整備を十分に行い、毎日の安全点検を怠らないことが基本です。それと同時に、あらゆる場面で発生する事故を予測し、未然に防ぐために、日頃から子どもたちへの指導や配慮も必要です。せっかく安全な環境が整っていても、安全指導が欠けているために事故につながることは問題です。しかし、近年の子どもたちをみていますと、戸外での生活経験や外あそびの実践が少なくなり、社会生活の中においても、して良いことと、悪いことの区別もつきにくくなってきています。さらに、親として、子どもに危険なことはさせないようにするために、危険と思われる事柄をむやみに禁止することだけで対応している方も多くなりました。ただ禁止するだけでは、子どもの中に、危険を察知し、判断する力は養われにくくなります。子どもたちに、危険な理由やその問題点を具体的に知らせたり、考えさせたり、また、日頃から危険を回避するからだづくり・運動能力づくりを行って、子どもたちの安全能力を高めていく工夫や指導が求められます。そこで、施設設備の安全上の基本のチェックポイントを、外あそびの場をとり上げて、紹介します。

（1）園庭や公園の広場

① 　地面の排水が良く、滑りにくい状態であること。

② 　フェンスや塀の破損がないこと。

③ 　石・ガラスの破片、その他の危険物がないこと。

④ 　マンホールや側溝のふたが安全であること。

⑤　災害発生時の避難場所や避難経路が確保されていること。

（2）砂場

①　適切な湿気や固さで、砂の状態が維持されていること。

②　木片やガラス、小石などを除いておくこと。

（3）すべり台

①　腐食やさび、破損がないこと。

②　着地面に十分なスペースがあり、安全性が確保されていること。

（4）ぶらんこ

①　支柱に、ぐらつきや破損、腐食がないこと。

②　前後に柵を作り、他児との接触・衝突事故が起こらないように配慮されていること。

（5）のぼり棒・雲梯・ジャングルジム

①　支柱にぐらつきや、支柱とのぼり棒のつなぎ目、設置部分に破損や腐食がないこと、子どもの手や足の入る小さなくぼみや穴のないこと。

②　周囲に危険物がなく、基礎コンクリートが露出していないこと。

（6）鉄棒

①　支柱がしっかりしていること。

②　年齢に応じた高さのものが設置されていること。

③　接続部分が腐食・破損していないこと。

　保護者の方々だけでなく、園や学校の先生方、地域の人々、行政などの施設管理者の方々を中心に、大人たちみんなが協力し合って、子どもたちの安全環境を整え、日々点検し、子どもたちのあそびや活動を暖かく見守っていただきたいものです。

Ｑ：公園での安全な遊び方のポイントを教えてください。

Ａ：幼少年期に体力や運動能力を高めるためには、運動あそびを公園で楽しく、安全に行う方法が有効です。そこで、公園で安全に楽しく遊ぶための約束事をお伝えします。まずは、服装からです。動きを妨げない服装であるかを、

大人が確認してあげましょう。①上着の前を開けっ放しにしないこと。ファスナーを閉めたり、ボタンを留めたりしましょう。②靴のかかと部分と足のかかととをピッタリと合わせて、しっかり固定して脱げないようにすること。靴を履いたら、地面にかかとを数回つけてトントンと履き具合を確認し、脱げないようにしましょう。③カバンは、置いて遊ぶようにすること。④ひもつき手袋やマフラーは、はずして遊ぶこと。遊具に引っかかった場合、両手が使えなくなったり、首を絞めたりするような危険が伴います。

次に、実際の運動遊具の使い方です。安全な遊具でも使い方を誤ると、ケガや事故が起こります。初めて遊ぶ遊具は、指導者や大人が事前に安全を確認して、使い方を子どもたちに教えてください。①遊具の上に上がったら、上から物を投げないこと。②飛び降りはしないこと。まわりの小さい子も見ています。まだできないのに、真似て飛び降りることがありますので、公園での飛び降りは控えさせること。③遊具にひもを巻きつけて遊ばないようにすること。④ぬれた遊具で遊ばないこと。⑤壊れた遊具では遊ばないこと。壊れている遊具を見つけたら、先生や大人の人に伝えること。以上の準備ができたら、遊具の使い方やマナーを守って、公園で楽しく、安全に遊びましょう。

Q：体力や運動能力を高めるためにどうしたらよいか、教えてください。

A：体力をつける方法は、まず、しっかり栄養を取ること、つまり、朝ごはんをしっかりとって活動開始することが大切です。実際に、日中に外あそびをすることによって、心臓や肺臓、筋肉、骨などを動かし、全身に負荷を加えることになりますので、からだは強くなっていきます。そして、夜の睡眠で疲労の回復とからだの修復が進みます。このように、体力を増強させて健康を維持し、元気に活動するのに役立つのは、日中の外あそびや運動なのです。ただし、その運動刺激は、軽すぎても、強すぎても、刺激が強過ぎると体力向上に良い影響はもたらしません。適度にからだを動かすことが大切です。軽い運動だと、気分転換や疲労回復、食欲の促進などの効果（レクリエーション効果）が得られますが、体力はなかなかついてきません。少し疲れるくらいの運動負荷が必要です。要は、疲労感を抱くくらいの運動刺激が必要なのです（トレー

ニング効果）。ただし、その疲れは、一晩の睡眠で、翌朝には回復している程度の運動負荷を与えることが、子どもたちの体力を効率よく向上させる秘訣です。疲労が残り、やがて、過労や病気となるような運動負荷では、心身の負担になります（オーバートレーニング）。また、運動能力を高めるためには、体力をつけるだけではいけません。基本運動スキルをバランスよく経験させることが求められます。体力に合わせて運動スキルを経験させ、向上させることによって、運動能力が高まるのです。そうすることで、将来、スポーツをより楽しく行うことを可能にし、自己実現の機会が増えていきます。

Ｑ：紫外線情報が多く出ていて、子どもを外に出したくなくなります。どのように考えたらよいでしょうか？

Ａ：「シミやシワを生み、老化だけでなく、癌をも誘発する紫外線。オゾン層の破壊・減少で、紫外線による害は、これからますます多くなる」という報道や情報を受けて、保育園や幼稚園に対し、「わが子を太陽の下で遊ばせないでください」「裸でプールへ入れないでください」「日除けつきの特製帽子を必ずかぶるようにさせてください」等と、過剰な要望や訴えをされる保護者の方がでてきたようです。したがって、保育者や教師の研修会では、先生方から「健康的な子育てと太陽の下での外あそびの奨励をどのように考えたらよいのか」「プールは禁止にしなければならないのか」等という質問をよく受けます。確かに、布団干しや日光消毒で有益な殺菌作用のある紫外線Ｃ波でも、その量が多すぎると（特別な地域です）、皮膚の細胞を傷つけることがあります。また、エリテマトーデスという病気の子は日光過敏症があって発疹が出ますから、日光を避けなければなりません。ですから、医師から特別な理由で陽光を避けたり、控えたりする指示をいただいているお子さんは、必ず医師の指示にしたがってください。しかしながら、健康なお子さんの場合は、普段の生活上での紫外線は問題ないと考えた方がよいでしょう。日常、私たちが受ける紫外線の主な光源は太陽ですが、短い波長の紫外線は大気圏のオゾンに吸収され、中でも短いＣ波は自然界では大気中でほとんど吸収されるため、日常生活での紫外線で皮膚癌はまずないと思ってください。つまり、健康やからだづくりに欠か

せない紫外線の効果に目を向けていただきたいのです。

　紫外線は、電磁波の総称、波長によってＡ波（長波長）とＢ波（中波長）とＣ波（短波長）の３種類に分かれています。この中で、健康に欠かせないのがＡ波とＢ波で、Ａ波には細胞の活動を活発にして、その生まれ変わりを促進させる作用があります（日光浴）。Ｂ波は、皮膚や肝臓に蓄えられたビタミンD$_2$をビタミンD$_3$に変える役目をし、食物から摂取したカルシウムを体内カルシウムに再生し、骨格を作り、神経伝達を良くします。つまり、骨が丈夫になり、運動神経が良くなるのです。骨粗しょう症の予防にも、日光浴は重要な因子となります。また、ビタミンD$_3$は免疫能力を高めるので風邪を引きにくく、病気の回復が早まります。このビタミンD$_3$は、食べ物から摂ることはできず、からだが紫外線を浴びることでしか作れないのです。したがって、日常の紫外線に発癌のリスクがあれば、厚生労働省や文部科学省をはじめとする関係機関は、外あそびやプール等の戸外活動を禁止するはずですから、子どもたちの健康生活のためには、現状では、外あそびや運動実践を、ぜひとも大切にしてあげて下さい。

Ｑ：コロナ禍における子どもの外あそびを教えてください。

Ａ：コロナ禍における子どもの外あそびを、どのように進めるかを、５つにまとめてみます。まず、基本的な考え方ですが、外あそび場の中で、子どもの貴重な居場所でもある公園は、町の肺であり、空気の転換場であると考えています。（1）公園の中でも、人が多い場所を避けて、混雑する場所や時間帯は見合わせましょう。また、２ｍ以内に人が集まるような密集状態を作らないことが大切です。要は、①混んでいたら利用しない、②いつもより短めに使う、③長い時間、同じ場所に留まって独占しない（密集を作らない）ことです。（2）利用上のマナーとして、マスク着用や咳エチケットの励行、帰宅後の手洗い、うがいの徹底などをこまめに行い、大切な人にうつさない感染予防の取り組みが基本です。（3）体調の優れない時、咳やくしゃみの症状がある時、発熱がある場合の外あそびや公園利用は、控えさせることです。（4）飛沫感染と接触感染を防ぐことのできるおススメのあそびをご紹介します。①お互いの距離を保っ

て遊べる「ボールの蹴りっこ」、②安全のために、通常でも距離を取って遊ぶ「縄跳び」、③コンタクトを避ける「影ふみ」、④自己空間を維持しながら楽しく動ける「リズム体操やダンス」、⑤バトンでのタッチでなく、地上にフープを置き、そのフープの中に入ったら、タッチしたこととする「リレーごっこ」等があげられます。(5)公園や園庭の固定遊具の中のトンネルについてですが、空気の流通や換気の良いトンネルでのあそびは可能ですが、換気が悪く、トンネルの中に数人がこもって遊ぶ遊び方や長いトンネルでのあそびは、密閉状態をつくりますので、控えさせましょう。

Ｑ：子どもにとって、外あそびと身体的発育との関係を教えてください。
Ａ：外あそびでの運動とからだの発育・発達とは、切り離しては考えられません。適度な身体活動や運動実践は、身体的発育を促進します。すなわち、外あそび中の全身運動は、生体内の代謝を高め、血液循環を促進し、その結果として、骨や筋肉の発育を助長していきます。筋肉は、運動によって徐々にその太さを増し、それに比例して力も強くなります。逆に、からだを動かさず、筋肉を使わないと、廃用性萎縮といって、筋肉が細くなり、力も弱くなります。つまり、筋肉は運動することによって強化されるのです。砂あそびやボール投げ、ぶらんこ・すべり台・ジャングルジム等を利用しての外あそびは、特別な動機づけの必要もなく、ごく自然のうちに筋力をはじめ、呼吸循環機能を高め、身体各部の成長を促進していきます。要は、外あそびをすることによって、運動量が増えて体力や健康が養われ、それらが増進されると、子どもたちは、より活動的な運動あそびを好むようになり、同時にからだの発育が促されていくのです。

Ｑ：外あそびと運動機能の発達との関係を教えてください。
Ａ：身体活動をすることによって、それに関連する諸機能が刺激され、発達していきます。しかし、各々の時期に、とくに発達する機能とそうでない機能とがあります。例えば、幼児の神経機能は、出生後、きわめて著しい発育を示し、生後6年間で成人の約90％に達します。運動機能は、脳神経系の支配下

にありますから、神経機能が急速に発達する幼児期から外あそびでいろいろな運動を経験させ、運動神経を支配する中枢回路を敷設しておくことが大切です。また、幼児期に形成された神経支配の中枢回路は、容易に消えないので、その時期においては、調整力を中心とした運動機能の開発をねらうことが望ましいといえます。運動によって運動機能が発達してくると、自発的にその機能を使用しようとする傾向が出てきます。そのことによって、運動機能はさらに高められ、児童期の終わり頃にはかなりの段階にまで発達していきます。こうして、外あそびでの多様な運動経験を通して、子どもたちのからだに発育刺激を与えることができるとともに、協応性や平衡性、柔軟性、敏捷性、リズム、スピード、筋力、持久力、瞬発力などの調和のとれた体力を養い、空間での方位性や左右性をも確立していくことができます。つまり、からだのバランスと安定性の向上を図り、からだの各運動相互の協調を増し、全体的・部分的な種々の協応動作の統制を図ることができるようになるのです。そして、からだの均整が保たれ、筋肉の協同運動が合理的に行われるようになると、運動の正確さやスピードも高められ、無駄なエネルギーの消費を行わないようになります。このように、体力や基礎的運動能力を身につけ、エネルギー節約の方法を習得できるようになります。また、食品からの摂取のほか、太陽光に当たることで生成されるビタミンDは、たんぱく質の働きを活性化し、カルシウム・リンの吸収を促進し、正常な骨格と歯の発育を促します。脳・神経機能の発達が著しい幼児期に、外あそびや運動を積極的に行うことは、その後の運動能力発達の基盤となり、幼児期以降の身体能力の向上につながります。

Q：外あそびは、健康づくりに寄与しますか？

A：動的な外あそびを積極的に行うことにより、血液循環が良くなり、心臓や肺臓、消化器などの内臓の働きが促進されます。また、運動をくり返すことによって、外界に対する適応力が身につき、皮膚も鍛えられ、寒さに強く、カゼをひきにくい体質づくりにもつながります。つまり、寒さや暑さに対する抵抗力を高め、からだの適応能力を向上させ、健康づくりに大いに役立ちます。

Q：外あそびと情緒面の発達との関係を教えてください。

A：友だちといっしょに外あそびに興じることによって、情緒の開放と発達が促されます。また、情緒の発達にともなって、子どものあそびや運動の内容は変化します。すなわち、運動と情緒的発達との間にも、密接な相互関係が成り立っているのです。情緒は、単なる生理的な興奮から、快・不快に分化し、それらは、さらに愛情や喜び・怒り・恐れ・しっと等に細かく分かれていきます。そして、5歳頃までには、ほとんどすべての情緒が表現されるようになります。このような情緒の発達は、人間関係の交渉を通して形成されます。この初期における人間関係の媒介をなすものがあそびであり、中でも、外あそびを媒介として、幼児と親、きょうだい同志、友だち等との人間関係がより強く形成されながら、からだも丈夫になっていきます。そして、外あそび実践は、子どもたちが日常生活の中で経験する不安、怒り、恐れ、欲求、不満などを解放する、安全で有効な手段となっていきます。

　なお、心身に何らかの障害をもつ子どもの場合、心配で放っておけないということから、運動規制が強すぎたり、集団での運動経験が不足したりしている状態で育っているというケースが比較的多くみられます。自閉児と呼ばれている子どもたちの中には、十分な体力をもちながら、運動エネルギーを不燃のまま自分の殻の中に閉じ込め、それが情緒的にネガティブな影響を及ぼしているケースも、少なくありません。そこで、こういった経験の不足を取りもどし、子どもたちの中で眠り続けてきた運動エネルギーに火をつけ、十分発散させてあげることが、情緒的にも精神的にも極めて重要です。多動で落ちつきのない幼児についても、同じことがいえます。大きなつぶつぶの汗が出るほど運動した後は、比較的落ちついてくるものです。多動だからといって、無理に動きを規制すると、かえって、子どもたちを多動にさせていきます。いずれにしても、外あそびは身体面の発達だけでなく、健全な情緒の発達にとっても重要な意味をもっています。

Q：外あそびは、知的発達の促進につながりますか？

A：子どもは、幼い頃から外あそびや運動を中心とした身体活動を通して、自

己と外界との区別を知り、自分と接する人々の態度を識別し、物の性質やその扱い方を学習していきます。また、対象物を正しく知覚・認識する働きや異同を弁別する力などの知的学習能力も養われていきます。外あそびで、子どもたちは、空想や想像の力を借りて、あらゆる物をその道具として利用します。例えば、大きな石はとび箱になり、ジャンプ台になり、ときには、馬にもなっていくのです。このような外あそびは、子どもたちの想像する能力を高め、創造性を養い、知的能力の発達に寄与していきます。運動遊具や自然物をどのように用いるかを工夫するとき、そこに思考力が養われていきます。様々な運動遊具を用いる運動によって、幼児はその遊具の使い方やあそび方、物の意義、形、大きさ、色、そして、構造などを認識し、学習していくのです。知的発達においては、自分の意志によって環境や物を自由探索し、チェックし、試みていくことが重要ですが、ときには指示を与え、物の性質やその働きを教えていくことも大いに必要です。外あそびの中で、成功や失敗の経験を積み重ねていくことが、知的発達の上で大切になってきます。

　また、友だちといっしょに遊べるようになると、自然のうちに認知力や思考力が育成され、集団思考ができるようになります。そして、模倣学習の対象も拡大し、運動経験の範囲も広くなってきます。子どもたちは、こうして自己と他人について学習し、その人間関係についての理解を獲得していきます。さらに、自己の能力についての知識を得るようになると、子どもたちは他人の能力との比較を行うようになっていきます。生理学的にみると、脳の機能は、細胞間の結合が精密化し、神経繊維の髄鞘化が進むにつれて向上していきます。神経も、適度に使うことによって、発達が促進されるという「使用・不使用の原理」が働いていることを覚えておきたいものです。

Q：外あそびをすれば、社会性の育成につながりますか？

A：子どもたちが仲間といっしょに外あそびをする場合、順番を守ったり、みんなと仲良くしたりすることが要求されます。また、お互いに守らねばならないルールがあって、子どもなりにその行動規範に従わねばなりません。外あそびでは、集団の中での規律を理解するための基本的要素、協力の態度など、社

会性の内容が豊富に含まれているため、それらを十分に経験させることによっ
て、社会生活を営むための必要な態度が身についてきます。つまり、各種の運
動実践の中で、指示にしたがって、いろいろな運動に取り組めるようになるだ
けでなく、仲間といっしょに運動することによって、対人的認知能力や社会的
行動力や規範意識が養われていきます。こうして、仲間とともに遊ぶことで、
ルールの必要性を知り、周囲への気配りと自己の欲求を調整しながら、運動が
楽しめるようになっていきます。

Q：外あそびと疾病予防・治療的効果との関係を教えてください。

A：様々なタイプの運動障害が起こってくるのは、脳から調和のとれた命令が
流れない・受け取れないためです。運動障害の治療の目標を、運動パターンや
動作、または、運動機能と呼ばれているものの回復におき、その状態に応じた
身体活動をさせることによって、筋肉の作用、平衡、姿勢、協調、運動感覚
（自分のからだの各部が、どんな運動をしているかを認知できる感覚）、視覚、
知覚などの日常における運動を組み立てている諸因子の調和を図ることができ
るようになります。機能の悪さは、子どもがひとりで生活できる能力やあそび
を楽しむ能力を奪ったり、抑制したりします。そこで、正常で、効率的な活動
パターンを外あそびの実践の中で学んでいくことによって、子どもたちは能力
に見合う要求を満たすことができるようになります。また、言葉を発しない障
がい児は、思考や感情を十分に表現できないので、種々の外あそびの中でから
だを動かして感情や欲求の解放を図ることができます。

　長時間のデバイス使用は近視発症のリスク要因となることが複数の研究で
示されており、屋外で過ごす時間の著しい減少と、デバイス使用時間の増加
は、近視発症を引き起こす可能性が高いです。また、長時間のデバイス使用
は、姿勢に影響し、子どもの頭部や頸部屈曲を引き起こす可能性があります。
外あそびの効能として、１日２時間の屋外での身体活動は、近視の発症や進行
を抑制し、子どもの近視リスクを低下させます。屋外での身体運動は、循環器
系や筋骨格系の発達、自律神経機能の亢進を促します。また、台湾では、１日
２時間の外あそびが、近視の新たな発症を半分に抑えるという調査結果が発表

されています。

**Q：外あそびをすることで、ケガをよくしますが、安全能力の発達との関係を
　　教えてください。**

A：外あそびで、からだを動かして体力や運動技能を身につけることは、生命
を守る技術を習得していることであり、自己の安全能力の向上に役立ちます。
バランスをとりながら移動したり、バランスを崩しても、手が前に出て保護動
作が出たり、顎を引いて頭を守ったり、全身の筋力で踏ん張って姿勢を維持し
ようと努力したりできるようになっていきます。また、ルールや指示に従う能
力が育成されてくることによって、事故防止にもつながります。

Q：外あそびすれば、生活習慣づくりに役立ちますか？

A：「睡眠をよくとり、生活のリズムづくりに役立つ」「運動後の空腹感を満た
す際に、偏食を治す指導と結びつけることによって、食事の指導にも役立つ」
「汗ふきや手洗いの指導を導入することによって、からだを清潔にする習慣や
態度づくりに役立つ」等、基本的生活習慣を身につけさせることにもつながり
ます。いろいろな外あそび経験を通して、子どもたちにあそびや身体活動の楽
しさを十分に味わわせることは、日常生活はもちろん、生涯を通じて自ら積極
的に運動を実践できるようにします。そして、「からだを動かし、運動するこ
とは楽しい」ということを体得させていくことができます。つまり、力いっぱ
い運動することによって活動欲求を満たし、運動そのものの楽しさを子ども一
人ひとりのものとするとき、その楽しさが子どもの積極的な自発性を引き出
し、日常生活を通じて運動を継続的に実践する態度へと発展させることができ
ます。外あそびの効能として、太陽光を浴びながらの外あそびは、子どもの体
内時計を整え、睡眠不足を解消し、生活リズムの悪循環を改善する一点突破口
となります。健全な生活リズムと外あそびの実践は、自律神経の発達を促し、
体調・情緒安定させます。

Q：外あそびと自然との関わりで育つものを教えてください。

Ａ：外だからこそ、方角を太陽の位置や地形、感覚などで理解できるようにな
ります。方向感覚や空間認知能力を育むとともに、暗くなりかけたら家に帰る
等、自然界の変化を学べます。自然から学ぶものは大きく、自然を保護し、環
境を維持し、守っていく取り組みが必要と考えます。このことが、近隣の公園
や校・園庭の整備にもつながっていきます。このように、発達刺激としての外
あそび実践は、身体的発達を助長するばかりでなく、そこから結果として、情
緒的な発達、社会的態度の育成、健康・安全に配慮する能力などを養い、人間
形成に役立っていく、必要不可欠で、かつ、極めて重要なものといえます。

Ｑ：外あそびで身につく体力とは、何でしょうか？
Ａ：外あそびで身につく体力とは、子どもたちが生活をし、活動していくた
めに必要な身体的能力であると考えてみましょう。このような意味での体力
は、大きく２つの側面に分けられます。一つは、健康をおびやかす外界の刺
激に打ち勝って健康を維持していくための能力で、病気に対する抵抗力、暑さ
や寒さに対する適応力、病原菌に対する免疫などがその内容であり、防衛体力
と呼ばれます。もう一つは、作業やスポーツ等の運動をするときに必要とされ
る能力で、積極的にからだを働かせる能力であり、行動体力と呼ばれます。つ
まり、外あそびで身につく体力とは、種々のストレスに対する抵抗力としての
防衛体力と、積極的に活動するための行動体力を総合した能力であるといえま
す。

Ｑ：体力の要素で、行動を起こす力には、どんなものがあるのでしょうか？
Ａ：①**筋力**（strength）…筋が収縮することによって生じる力のことをいいま
す。つまり、筋が最大努力をすることによって、どれくらい大きな力を発揮し
得るかということで、kgであらわします。②**瞬発力**（power）…パワーとい
うことばであらわされ、瞬間的に大きな力を出して運動を起こす能力です。

Ｑ：体力の要素で、持続する力を何といいますか？
Ａ：持久力（endurance）といい、用いられる筋群に負荷のかかった状態

で、いかに長時間作業を続けることができるかという筋持久力（muscular endurance）と、全身的な運動を長時間継続して行う心肺（呼吸・循環）機能の持久力（cardiovascular / respiratory endurance）に、大きく分けられます。

Q：体力の要素で、正確に行う力のことを何といいますか？

A：いろいろ異なった動きを総合して目的とする動きを、正確に、かつ円滑に、効率よく遂行する能力のことで、協応性とも呼ばれることがあります。また、平衡性や敏捷性、巧緻性などの体力要素と相関性が高いです。中身には、①**協応性（coordination）**…からだの2つ以上の部位の運動を、1つのまとまった運動に融合したり、からだの内・外からの刺激に対応して運動したりする能力を指し、複雑な運動を学習する場合に重要な役割を果たします。②**平衡性（balance）**…バランスという言葉で用いられ、身体の姿勢を保つ能力をいいます。歩いたり、跳んだり、渡ったりする運動の中で、姿勢の安定性を意味する動的平衡性と、静止した状態での安定性を意味する静的平衡性とに区別されます。③**敏捷性（agility）**…からだをすばやく動かして、方向を転換したり、刺激に対して反応したりする能力をいいます。⑤**巧緻性（skillfulness）**…からだを目的に合わせて正確に、すばやく、なめらかに動かす能力であり、いわゆる器用さ、巧みさのことをいいます。

Q：体力の要素で、円滑に行う力は、どのようなものがありますか？

A：①**柔軟性（flexibility）**…からだの柔らかさのことで、からだをいろいろな方向に曲げたり、伸ばしたりする能力です。この能力が優れていると、運動をスムーズに大きく、美しく行うことができます。②**リズム（rhythm）**…音、拍子、動き、または、無理のない美しい連続的運動を含む調子のことで、運動の協応や効率に関係します。③**スピード（speed）**…物体の進行するはやさをいいます。

Q：乳児の運動能力って、どんなものですか？ちなみに、幼児の運動能力についても教えてください。

A：乳児の身体運動は、四肢の動きに始まり、少したって、頸の動き、頸の筋肉の力が発達して頭部を支え、7〜8カ月頃になると、座ることができ、平衡感覚が備わってきます。続いて、手・脚の協調性が生まれるとともに、手や脚、腰の筋力の発達によって、からだを支えることができるようになり、這うようになります。這う機能が発達してくると、平衡感覚もいっそう発達して、直立、歩行を開始します。これらの発達は、個人差があるものの、生後1年2〜3カ月のうちに、この経過をたどります。幼児期になると、走力や跳力、投力などの基礎的運動能力が備わってきます。幼児の運動能力を発達させるには、興味あるあそびを自発的にくり返し経験させることが大切です。というのも、3〜4歳頃になれば、運動能力はあそびを通して発達していくからです。

　ところで、ここでいう「運動能力」とは、全身の機能、とくに神経・感覚機能と筋機能の総合構成した能力と考えます。また、基礎的運動能力として、走力や跳力の伸びがはやくからみられ、とくに3歳〜5歳では顕著であるといえます。中でも、走る運動は、全身運動であるため、筋力や心肺機能（呼吸循環機能）の発達と関係が深く、跳躍運動は、瞬発的に大きな脚の筋力によって行われる運動ですから、その跳躍距離の長短は腕の振りと脚の伸展の協応力とも関係が深いといえます。跳躍距離に関しては、6歳児になると、脚の筋力の発達と協応動作の発達により、3歳児の2倍近くの距離を跳べるようになります。投げる運動では、大きな腕の力や手首の力があっても、手からボールを離すタイミングを誤ると、距離は伸びません。とくに、オーバースローによる距離投げの場合は、脚から手首まで、力を順に伝達し、その力をボールにかけるようにする必要があります。オーバースローによるボール投げは、4歳半以後からは、男児の方の発達が女児に比べて大きくなります。懸垂運動は、筋の持久性はもとより、運動を続けようという意志力にも影響を受けます。

Q：体力と運動能力は、同じものですか？

A：さて、体力と運動能力は、混同して理解されている場合が多いですが、体力とは、筋力、持久力、柔軟性など、それらを発揮する際のスキルをできるだけ排除した形で捉えた生体の機能を意味し、運動能力は、走、跳、投といっ

た、体力に運動やスポーツに必要な基本的なスキルを加味した能力を意味する
ものと考えてください。

Q：運動スキルとは運動能力のことですか？

A：基本の運動スキルを、4つ紹介しましょう。①**移動系運動スキル**…歩く、
走る、這う、跳ぶ、スキップする、泳ぐ等、ある場所から他の場所へ移動する
技術です。②**平衡系運動スキル**…バランスをとる、渡る等、姿勢の安定を保つ
スキルです。③**操作系運動スキル**…投げる、蹴る、打つ、取る等、物に働きか
けたり、操ったりする動きの技術です。④**非移動系運動スキル（その場での運
動スキル）**…ぶらさがったり、その場で押したり、引いたりする技術です。

Q：運動すると、体力や運動能力、安全能力が育つと言われていますが、その
　　ほか、運動時に育つ能力として、どんなものがあるのか、教えてくださ
　　い。

A：**身体能力や空間認知能力があります。**①**身体認識力**は、身体部分（手、
足、膝、指、頭、背中など）とその動き（筋肉運動的な動き）を理解・認識す
る力です。自分のからだが、どのように動き、どのような姿勢になっているか
を見極める力です。②**空間認知能力**は、自分のからだと自己を取り巻く空間に
ついて知り、からだと方向・位置関係（上下・左右・高低など）を理解する能
力です。

Q：子どもたちの外あそびのサポートや指導の場で大切なことは何ですか？

A：子どもたちの外あそびのサポートや指導の場で大切なことは、あそびの実
践を通して、あそびの方法やあそびの場で経験する運動技能の向上を図ること
だけでなく、「子どもたちがどのような心の動きを体験したか」「どのような気
持ちを体験したか」という「心の動き」の体験の場をもたせることを大切にし
てほしいと願います。つまり、心の状態をつくりあげるために、外あそびでか
らだを動かすと考えてみてはいかがでしょうか。

Ｑ：幼少児に対する運動指導の基本は、何でしょうか？

Ａ：①できないかなと思いながら運動を行った時、これまではできなかった運動ができたときの喜びやうれしかった経験は、子どもにとって大きな自信となり、また行ってみようという次への意欲につながります。このような場面で、子どもの努力を認め、大いに賞賛することによって、運動の楽しさや喜びを味わわせることができます。②友だちとの活発な運動あそびを通して、心身の発達にとって刺激となるよう、息をはずませ、汗をかく程度の運動強度と運動量（歩数）を確保させることが、生理的にも望まれます。また、運動技能は、自然に獲得できるのではなく、その運動技能を必要とするあそびや身体活動をくり返し行うことによって獲得できるものであり、獲得した技能が上達するのは身体活動の反復、つまり、何度もくり返すことによるものです。

　③子ども時代には、運動あそびの中で、身体活動をくり返し行うことを、練習ではなく、子どもが夢中になって遊び込む中で経験させる環境づくりが大切です。子どもたちが夢中になって遊び込めるよう、子どもが運動に対して興味や関心をもち、意欲的に関われるような環境設定を行う必要があります。

Ｑ：運動の指導上の留意事項を教えてください。

Ａ：注意すべき事項を、以下に列挙してみます。

① 十分な空間を確保し、まわりの人や物に当たらないかを確認して、安全に外あそびを始めさせましょう。また、安全についての約束事は、始める前に話し合っておきましょう。なお、子どもの服装が乱れていれば、安全のため、整えてから始めましょう（子どものお手本となるように、指導者の服装も整えておきましょう）。

② 恐がる子どもに対しては、無理にさせるようなことは避け、また、できないことでも、頑張って取り組んでいるときは、励ましの言葉をしっかりかけてあげましょう。

③ 支援者や指導者は、子どもの興味を引く話し方やわかりやすい言葉遣いを大切にしましょう。また、話すときは、子どもの目を見て話すようにしましょう。

④　指導者が子どもに動きを見せるときには、わかりやすく、大きく、元気に表現することが大切です。そうすると、子どもには、行ってみようという気持ちがでてくるはずです。しかし、子どもは、大人の悪い癖も真似ます。見本に示す動きは、しっかりした正しい動きが求められます。とくに、しっかり伸ばすところは伸ばし、曲げるところは十分に曲げることが大切です。

⑤　笑顔で活動して楽しい雰囲気を作り、子どもたちに「楽しさ」を感じさせることが、大きなポイントです。また、指導者もいっしょになって、心から楽しんで遊ぶことと、あそびのおもしろさや楽しさを共感することが大切です。

⑥　大人のからだの大きさや力強さを、子どもたちに感じさせることも大切です。子どもは、大人の力の強さや頼もしさを実感し、一層信頼して関わってきます。でも、力の加減もしてください。

⑦　動きは、簡単で、しかも、しっかりからだを動かせるものがよいですが、時々、からだを上下させたり、まわしたりして、方向も変えてみましょう。

⑧　寒いときは、からだが温まるように、簡単な準備運動を行い、あそびの内容は動きの多いものにしましょう。

⑨　外あそびでの課題は、単純なものから複雑なものへ、少しずつ難易度を増すように配慮してもらいたいですが、時に、課題を難しくして、適度な緊張感をもたせることは、動きに対して集中させたり、新鮮さをもたせたりする点で重要です。

⑩　子どもの工夫した動きや体力づくりにつながるような良い動きを見つけた場合には、その動きをしっかり誉めて、子どもに教育的な優越感を与えましょう。

⑪　どうしたら上手にできるかというアドバイスを与えることも重要ですが、時間を与え、子どもたち自身に段階的に解決策を考えさせることも大切です。

⑫　子どもがわからないところは、具体的に子どものからだを動かしたり、

触ったりして教えると、動きが理解しやすいでしよう。

⑬　一生懸命にしようとしている子どもに対して、しっかりと対応することが大切です。上手にできている場合や頑張っている場合、工夫している場合は、しっかりと具体的に誉めていきます。そうすると、子どもはやる気をもったり、誉められたことで自信につながったりします。

⑭　身近にある道具や廃材を利用しても、楽しい外あそびに役立つことを、子どもたちに見せたり、知らせたりすることも大切です。

⑮　使用する用具や遊具は、大切に扱うこと、使った後は元の場所に片づけることを、子どもたちに伝えましょう。みんなで使う用具や遊具は、ルールを守って、適切に使用することが大切です。

Ｑ：外あそびの指導者や支援者に期待することは何ですか？

Ａ：手軽にできる外あそびを、子どもたちといっしょに行って、実際に汗をかいてもらいたいのです。また、子どもが遊びたくなる園庭や校庭づくりを工夫したり、テレビ・ビデオ視聴に勝る運動あそびの魅力や楽しさを感動体験として味わわせたり、機会があれば、親と子がふれあうことのできる簡単な体操を紹介して、家庭での実践につなげてください。そのためにも、日頃から運動指導に関する研修会に積極的に参加され、外あそび推進の指導者としての研讚を積んでいただきたいと願います。要は、子どもの健全育成を図っていくためには、指導者層に「運動や栄養、休養」の必要性や、規則正しい生活リズムづくりの重要性のわかる人が、一人でも多く増えていくことが必要なのです。

Ｑ：子どもたちが外で安全に遊ぶための工夫を教えてください。

Ａ：現在の子どもたちの外あそびの頻度やあそび場所について、どうすれば、子どもたちが安全に外で元気に遊ぶことができるのかを紹介してみます。子どもたちが外で安全に遊べるための工夫を、5つにわけてまとめてみますと、(1)保護者の配慮としては、①子どもたちのあそび場を見守る、②防犯と被害対策の教育をする、③子どもの居場所を把握しておく、④日頃から近所づきあいをする、⑤休日は子どもと遊ぶ、⑥子どもとの間で安全上のルールをつくる。

（2）子どもたちの心得としては、①「いってきます」「ただいま」のあいさつをする、②行き場所・帰宅する時刻を伝えてから遊びに行く、③危険な場所を知っておく、④一人で遊ばない、⑤明るい場所で遊ぶ、⑥人通りの多い所で遊ぶ、⑦家族との約束事を守る。⑧帰宅後、すぐに手洗い、うがい（消毒）を行う。（3）学校の配慮としては、①安全マップを作り、危険か所を子どもに教える、②校庭を開放する、③校庭の遊具を充実させる。また、遊具の安全点検を毎日行う。④地域や保護者と情報を交換する、⑤仲間を思いやれる子を育てるために、道徳教育を充実させる、⑥幼児と児童、生徒が関わり、互いを知る機会を作る。（4）地域の方々の配慮としては、①買い物や散歩時などに、子どものあそび場に目を向ける、②子ども110番の家を把握し、その存在を広める、③子どもたちとのあそびのイベントを企画し、交流する（困ったときに手を差しのべられる関係づくりをしておく）。（5）行政の配慮としては、①子どもたちが遊べる公園は、交番や消防署など、安全管理者の勤務地や大人の目が届く場所の近くに設置する、②注意を呼びかけるポスターを作る、③非常ベルや防犯カメラを公園や遊園地などの子どものあそび場の一角に設置し、安全を見守り、緊急保護をしやすくする、④不審者の育たない国をつくる（教育に力を入れる）⑤公園の固定遊具の点検を定期的に行い、経年劣化した遊具は撤去し、新しいものを設置する。砂場の砂の入替え等を含む。⑥公園内の樹木の剪定・清掃を定期的に行う。

　以上、保護者と子どもとの間で、外で遊ぶときのルールを決め、子どもたちが被害にあわないように予防策を話し合うことや、地域の方々との交流や大人の見守りにより、子どもたちに安全な遊び場を提供していくことで、子どもたちが元気に外で遊ぶことができるようになっていきます。また、子どもの命を守ることは保育・教育の第一条件ですが、管理的な側面が強すぎて、子どもたちの行動を規制しすぎたり、過保護になったりしないような安全管理を行うとともに、安全指導が必要です。子どもたちが、自分自身で自分の命を守る力を育てていくことも大切です。

Q：運動する前に行っているとよい約束事

① 靴は脱げないように、しっかり履きましょう。

② 上着の前を開けっ放しにしないようにしましょう。

③ かばんや水筒は置いて遊びましょう。

④ マフラーはとって遊びましょう。

⑤ ひも付き手袋はとりましょう。

　（フード付きの上着は、できるだけ脱いで遊びましょう）

Ｑ：公園遊具の役割を教えてください。

Ａ：公園に設置されている運動遊具、中でも、固定遊具は、登ったり、渡ったり、滑ったりして、子どもたち誰もが楽しくからだを動かして遊べる遊具です。子どもたちは、遊具でのあそびを通して、心身の発達、友だちとの協力・共同・譲り合い等の社会的・道徳的発達、遊び方を工夫する知的発達などを育み、あわせて、危険予知能力や安全能力をも養います。つまり、公園遊具は、子どもたちの成長・発達を促進する重要な遊具であり、施設というわけです。そして、公園遊具は、子どもたちの健康の増進や体力づくり、情操を豊かにすることを目的として、つくられた遊具（施設）でもあり、子どもたちに、安全でかつ健全なあそびや運動の場面を提供してくれています。よく見受けられる運動遊具・施設としては、すべり台やブランコ、雲梯などがあります。

Ｑ：すべり台の良さを教えてください。

Ａ：公園や校庭、園庭に標準的に設置されるすべり台は、シンプルな機能をもっていますが、おもしろさがいっぱいです。すべり台をすべり降りることで、平衡性や巧緻性をはじめとする身体調整力を高め、スピード感や空間認知能力を養います。友だちといっしょにすべり降りることで、楽しさが増したり、競争ができたりして、交流体験ももてます。

Ｑ：ブランコは揺れて楽しいですが、何が良いのですか？

Ａ：揺動系遊具のブランコは、時代を超えて、多くの子どもたちに親しまれている遊具です。楽しさばかりではなく、最近の子どもたちの弱くなっているバ

ランス感覚を向上させ、様々な動作の習得に有用な身体調整力を高めてくれます。

Q：うんていは、どのような良さがある遊具ですか？

A：ぶらさがることや、ぶら下がって移動することで、上体の筋力だけではなく、全身の筋力を高め、リズム感や持久力も養います。子どもたちのからだに、比較的強い負荷をかける運動を生み出す遊具ですが、何より子どもたちの「挑戦する」というチャレンジ精神に働きかける遊具です。うんていにぶら下がって伝い移動をすることによって、筋力やリズム感、持久力、瞬発力を高めるとともに、動きを効率的に連続させるためのリズム感も養います。

Q：木登り遊具の良さを教えてください。

A：木登り遊具では、ダイナミックな木登りあそびが再現できます。木登りを体感できる遊具として、木登りのおもしろさ、とくに、幹から枝へ、枝から枝へ、大型であれば、安全のためにネットがらせん状に張りめぐらされ、迷路のような、あそび空間をも創ります。もちろん、子どもたちは好奇心を膨らませて枝をよじ登り、空に向かって冒険を始めます。木登り遊具は、小さな挑戦をいくつも繰り返しながら、あそびを創造し、子どもたちの夢を育んでいきます。登る、降りる、ぶら下がる、這う等、多様な動きが経験できます。①木登りは、育ち盛りの子どもたちが「チャレンジ精神」「運動能力」「集中力」を一度に身につけることのできる運動遊具です。枝をよじ登ったり、ぶら下がったりしながら、高い所へと登っていく楽しさやおもしろさを、安全に体感できる施設です。②遊び疲れたときには、そのままゴロン、ネットがハンモックに早変わり、からだを優しく包みます。③木によじ登り、頂上に辿り着けば、爽快な風を感じ、情緒の解放を図ることができます。また、自然の木を模した展望施設として、地上とは違った風景に気づき、小鳥たちのさえずりも身近に聞こえる格好のバードウォッチングのポイントにもなります。

Q：モニュメント遊具・恐竜遊具の特徴を教えてください。

Ａ：博物館でしか見ることのできなかった古代の生き物や恐竜などが、子どもたちのあそび場にやってくるわけです。安全性とリアリティ感を経験でき、また、本物の化石にも勝る存在感を味わわせてくれます。

Ｑ：近年、公園でのボールあそびを規制したり、禁止したりしている理由を教えてください。また、コロナ禍において、公園利用においても、感染の配慮に必要な場面が見られますので、その対策を教えてください。

Ａ：昔に比べて現代の公園では、ボールあそびが周囲への危険を伴うとして、ボールを投げたり、蹴ったりする等の禁止事項や規制が増えており、特に投げ方を知らずに育った子どもたちの多いことが、今日の問題です。感染の対策としては、コロナ感染症への注意喚起の看板を各公園に掲示し、定期的なパトロールを行うこと、生活様式が変化する中、子どもたちが安全に楽しくボールあそびができるよう、感染対策もルールの１つとして周知を行いながら、引き続き新規公園の増加を目指していくことが求められます。また、地域の公園や遊休地を、身近にある子どもたちの自由なあそび場（空間）として機能させるための工夫が必要になっています。今後の生活様式が変化する中、子どもたちが安全に楽しくボールあそびができるよう、感染対策もルールの１つとして周知を行いながら、ボールあそびができる施設が存在するよう、引き続き新規公園の増加を目指すことも求められます。

Ｑ：インクルーシブ公園とは、どんな公園ですか？

Ａ：外あそびは、乳幼児期の子どもにとって、心身の成長に大切な場となりますが、身体に障害がある子どもたちや、知的障害および発達障害などの子どもたち、あるいは、異文化の子どもたちにとっては、既存の公園は利用しにくく、思うように遊べないという現状があります。そこで、「どんな子どもでも成長の機会を損なわず、いっしょに遊べる公園を」という思いから生まれたのが「インクルーシブ公園」です。「インクルーシブ」とは、「包括や包み込む」を意味し、年齢・性別・文化・個性を尊重し、誰もがお互いを認め合うことです。「インクルーシブ公園」は、障害のある子どものための公園ではなく、障

害の有無にかかわらず、「誰もがいっしょに遊べる公園」です。子どもたちの
あそび場や遊具にも、ユニバーサルデザインが取り入れられていることが「イ
ンクルーシブ公園」の特徴です。

Q：ユニバーサルデザインとは、何ですか？

A：現在では、エレベーターや多機能トイレは、どんな人でも利用ができるも
のとして多く見られるようになりましたが、「誰もがいっしょに遊べる公園」
として、ユニバーサルデザインのあそび場づくりが求められています。ユニ
バーサルデザインとは、1980年代にアメリカのロナルド・メイス博士が提唱
した、年齢や性別、文化、言語、障害の有無などに関わらず、どんな人でも利
用できるデザインを指したものです。

Q：乳幼児の事故防止と安全管理のポイントを教えてください。

A：外あそびでは、大切な子どもの命を守ることを最優先にしなければなりま
せん。乳幼児期は、発達上の特性から事故の発生が多く、事故に伴う傷害は、
子どもの心身に重大な影響を及ぼしますので、子どもの心身の状態や発育・発
達特性、成長に伴う事故の現状について正しく理解し、事故防止のための的確
な準備・対応を行わねばなりません。①乳幼児は、頭部の占める割合が大きい
ため、自分の姿勢を維持するバランスがとりにくい。②幼児は、背が低いの
で、目の高さが低く、また、視野は狭いので、幼児には見えないことが多々あ
り、事故に結びついています。③興味があるものに注意が奪われると、そのこと
以外は目に入らなくなります。④抽象的な言葉は理解しにくいため、何が危な
いのか、何に注意すべきなのかを、わかる言葉で伝えることが必要です。⑤子
どもは大人の行動をよく見ていて、よく真似をしますので、子どもの手本にな
る行動をとることが重要です。⑥運動機能が未発達であるため、「バランスが
とりにくい」「力の加減が難しい」「すぐに手が出ない」「瞬時に避けることが
できない」等の特徴があります。

Q：砂場の安全管理の方法を教えてください。

Ａ：①定期的に砂を、下方から 30 cm 以上掘り起して点検します。②動物により、汚染されることがあるので、使わないときはシートで覆っておきます。また、園庭の安全管理面では、①動物の糞尿、樹木、雑草などを管理します。②雨上がりの時、固定遊具を拭きます。③倉庫や用具入れの戸は、子どもが自由に開閉できないようにします。また、使用するときは、必ず閉めておきます。危険な箇所を発見した場合は、迅速かつ適切に修理や使用禁止の措置をとり、事故の未然防止に努めましょう。

Ｑ：固定遊具の点検と結果の対応の仕方について教えてください。

Ａ：（1）子どもたちのための運動遊具は、定期的に点検・補修をし、適切に管理することにより、事故を未然に防止できます。そのため、管理者には、専門家による遊具の保守点検を、少なくとも年に 1 回以上は実施してほしいのです。保守点検を行った遊具については、点検実施時における状況や点検結果を記録し、適正に保管することが大切です。また、運動遊具の劣化は、設置後の経過年数や地域の気象条件ならびに遊具の使用状況、部位、構造、管理方法および立地条件などにより、その進行状況が異なることに留意しておきましょう。（2）運動遊具を構成する構造部材および消耗部材は、金属類、木質類、プラスチック系、繊維などの様々な材料が用いられていることを理解し、事故につながりやすい危険箇所、とくに、過去の実例から危険性があると判断されるポイントについては、重点的に点検を実施することが必要です。（3）点検の結果、運動遊具の撤去または補修の必要が生じた場合は、迅速な対応が求められます。①放置しておくことで、事故につながる恐れがあると判断されるものについては、早急に使用禁止の措置を行うとともに、補修または撤去を行うこと。②補修の困難なものについては、撤去を行うこと。③早急に対応する必要がない場合は、点検終了後に補修を実施すること。④事故につながるおそれがなく、当該点検時に補修を実施するよりも適切な時期に補修を実施する方が効果的なものについては、経過観察をすること。こうして準備された公園内の安全な運動遊具であっても、その使い方を誤ると、ケガや事故が起こります。遊具の安全な使い方を知ること、指導しておくことが求められます。

Q：安全に配慮した運動遊具の設計と製品そのものの安全性について、教えて
　ください。

A：安全に配慮した設計は、花や樹木などの環境を生かしつつ、安全エリアを
確保することが基本となります。安全マットの設置や段差の注意喚起の塗り分
け等、安全に配慮した設計・配置が求められます。製品そのものの安全性につ
いて、例を挙げて紹介します。①突起の少ないボルト類：子どもたちの手やか
らだにふれる部分には、突起の少ないボルトを使用することが望ましいです。
②指詰め防止チェーン：チェーンの隙間に樹脂カバーを取り付けて、カバー
チェーンにしてもらいましょう。③盗難防止ボルト：ときに、運動遊具のボル
トを盗む心無い人が現れることがあります。特殊工具を必要とするボルトを使
い、いたずらから生じる事故を防ぐことも必要です。④鋼材の品質：JIS規格
に定める鋼材を使っていることが必要です。⑤木材：耐久性、耐水性が良く、
ささくれ等が起こらないような素材が求められます。⑥樹脂：耐候性や衛生面
に優れているもの。⑦ネット遊具：耐候性や耐摩擦性、耐熱性、衛生面に優れ
たもの。⑧塗装：耐候性や耐水性、防カビ、防藻性に優れ、美観を保つもの。

Q：遊具の設計・設置上の留意点について教えてください。

A：①頭部・胴体・首・指の挟みこみでは、頭部・胴体・首・指を挟みこんで
しまう隙間を除去して、事故を防止してもらいたいものです。子どもが自分の
体格を意識せずに通り抜けようとした場合、頭部や胴体の挟み込みが発生しな
いように、開口部は胴体が入らない構造にするか、胴体が入る場合は頭部が通
り抜ける構造にしましょう。②指の挟み込みについては、指が抜けなくなる恐
れのある穴は、設けないようにします。③足の挟み込みについては、踊り場や
通路といった歩行や走行を目的とした平坦な床面の隙間は、6mmを超えない
ようにしましょう。ただし、つり橋やネット渡り等のあそびを目的にした部分
の隙間は、頭部や胴体の挟み込みが起こらないようにしてもらいます。要は、
子どもが容易に触れる部分には、突出部や隙間を除去し、事故を防止したいも
のです。④絡まり、引っ掛かりについては、子どもが容易に触れる可能性のあ
る部分には、着衣の一部やカバンのひもが絡まったりしないように配慮しなけ

ればなりません。とくに、滑走系の遊具のすべり出し部のように、落下が予想される箇所では、絡まったり、引っかかったりする突出部や隙間がないようにしてください。落下高さに応じて、ガードレールや落下防止柵を設置し、不意な落下を防止しましょう。

Q：公園内の運動遊具の安全への配慮事項について教えてください。

A：運動遊具は、子どもたちの成長・発達を促進する重要な遊具であり、施設というわけです。そのため、安全性への配慮は、遊具には不可欠です。まずは、設置に先立ち、子どもたちの動きの流れ・動線の確認や遊具の配置を周到に行い、子どもたちが出合い頭にぶつかったり、運動の流れが極度につまったりしないよう、安全、かつ、スムーズに、遊具を使った楽しい外あそびが展開できるようにしておくことが大切です。また、遊具の安全のためには、活動に必要とされる空間を確保すること（安全区域の確保）が極めて重要なことです。子どもが遊具から落下したり、飛び出したりした場合に、到達すると想定される範囲です。この空間内には、遊具本体を除き、照明灯やマンホール、縁石などの施設や、石やガラス等の異物があってはなりません。わくわくする遊具のもつリスク（予測できる危険）は、子どもたちの挑戦したい気持ちを掻き立ててくれ、その状況下で、様々なあそびや運動をすることによって、身体能力をより一層高めていきます。ただし、予測できない危険「ハザード」は、なくすことが必要です。

Q：ハザードとは何ですか？

A：ハザードは、遊具の挑戦的要素とは関係のないところで発生する危険のことです。ハザードには、物的ハザードと人的ハザードの2種類があります。物的ハザードとは、遊具の不適切な配置や構造、不十分な維持管理による遊具の不良などに問題がある危険です。人的ハザードとは、遊具使用時に、ふざけて押し合ったり、絡みやすい紐のついた手袋や靴を履いたりする等して、遊具使用の方法に問題がある場合です。これらの危険は、子どもたちのあそびの中では、予測のできない危険であり、遊具の設計者や管理者、保護者などの大人

が注意して未然に防ぐ必要があります。よって、遊具は、正しい使い方をして、仲良く遊ばせましょう。遊具に不具合があるときは、安心して遊具を使えるよう、専門業者による点検のほか、指導者による点検を実施してもらいたいものです。遊具を利用していて、不具合や異変を感じた時は、管理者に連絡をすることが大切です。早期発見・早期対応が事故防止につながりますので、大人の協力が必要です。ねじが緩んでいたり、異音が生じたりするときは、子どもも、すみやかに近くにいる大人に伝えるよう、幼少児期から指導しておくことが重要です。また、立体遊具は、ネットで囲っておくことをおすすめします。さらに、ウレタン素材を多く使用することで、転倒時のケガによる負担を軽減できるようにしておくことも必要です。

Q：運動遊具を安全に利用するための点検について、教えてください。

A：運動遊具を安全に利用するためには、日頃からのメンテナンスが重要です。日常のメンテナンスの実施、また、「定期点検」をすること、さらには、製品の構造的な部分や、対処の難しい箇所については、専門家に依頼して、修理や改善をしておくことが求められます。つまり、遊具の設置後に日常点検や定期点検を行い、必要によっては修繕が求められますので、専門家（遊具点検士）による遊具のメンテナンス契約を結んでおくことが大切でしょう。

Q：リスクとハザードとの違いは何ですか？

A：リスクとは、子どもが知っていて挑戦する、また、冒険する際の「危険」です。例えば、鬼ごっこの時の転倒は、「リスク」と考えることができます。ハザードとは、子どもが「知らない危険」「気づかない危険」のことで、例えば、ブランコをこいでいて、ロープと座面のネジが外れ、落下してケガをすることは、子どもにとっては知らない、また、気づかない危険です。リスクとハザードは、指導者の経験や価値観、子どもの発達段階やあそびの経験によって変わっていきます。指導者自身がリスクとハザードの適切な判断が行えるよう、自らの専門性を磨き、ハザードに対し、その場で即時に対応することが求められます。

Q：固定遊具を安全に利用するための点検の方法について教えてください。

A：日常点検とは、遊具の変形や異常の有無を調べるために、管理者が目視診断、触手診断、聴音診断などにより行う日常的な点検のことです。日常点検を効率的に行えるようにするには、遊具ごとに日常点検表があるとよいです。定期点検とは、遊具点検士にお願いをして、定期的に点検（劣化点検や規準点検）を行ってもらうことです。劣化診断の例としては、遊具の設置後、長い年月が経過すると、地面に近い箇所で、目に見えない劣化が進んでいく場合があるため、定期点検によって、その劣化の状態を把握していくことが大切です。規準診断の例として、遊具の安全規準は年々改定されており、以前は規準を満たしていた遊具でも、現在の規準には当てはまらない場合があるため、定期点検をして、現在の規準を満たしているかを確認することです。そして、不具合のあった遊具については、使用禁止とし、補修が完了すれば開放、補修が不可能なものについては、撤去を基本とします。

Q：子どものケガと安全管理について、指導者が知っておくべき基本を教えてください。

A：子どもは、好奇心に満ちていて、活動的です。夢中になると、危険に気づかず、大人が考えないような行動をとります。また、身長に対して頭が大きく、バランスを崩して転倒しやすいので、顔や頭のケガも多くなります。また、体温調節機能も未熟で、環境温度の影響も受けやすく、病気に対する抵抗力も弱いので、すぐに発熱します。幼児のケガで多いものは、すり傷や打ち身、切り傷などです。子どもは、小さな病気やケガを繰り返しながら、病気に対する免疫力を獲得し、また、ケガをしないために注意して行動することを学びます。子どもたちが運動中に小さなケガをしても、適切な処置を行うと同時に、子ども自身がケガを防げるようにかかわります。また、大きな事故やケガをしないような環境整備にも努め、事故が起こったときには、観察に基づく適切な判断と処置ができるようになりましょう。

Q：子どもの安全や体調の確認のポイントを教えてください。

A：運動前には、子どもの体調を確認します。一人ひとりの機嫌や元気さ、食欲の有無を確認します。気になるときは、体温を測定します。次に、運動中に発現した異常を早期に発見することが大切です。子どもは、よほどひどくないかぎり、自分から体調の不調や疲れを訴えてくることはまれです。指導者は、常に気を配り、声かけをしながら、表情や動きの様子を観察して判断します。

Q：熱中症対策は、どうしたらよいでしょうか？

A：幼児の平熱は、大人よりやや高く、また、単位面積あたりの汗腺の数も多いので、汗をよくかきます。そのため、肌着は、吸水性や通気性のよいものを着るように指導します。また、運動後に汗が冷えると、からだを冷やしますので、運動時にはタオルとともに肌着の着替えを持参するように指導します。幼児は、大人に比べて体内の水分の割合が高いので、汗をかくと、大人より脱水になりやすいという特徴をもっています。炎天下や夏の室内での運動時には、水筒を持参させ、休憩時には必ず水分を摂るよう指導します。室内で運動する場合は、風通しを良くします。温度や湿度が高い場合には、熱中症を予防するために、大人より短い間隔で、休養や水分摂取を勧めます。子どもの年齢によって体力が異なりますので、2～3歳児には、4～6歳児より頻回の休養と水分摂取を促します。

Q：応急処置の基本を教えてください。

A：運動中にケガをしたり、倒れたりした場合、医師の診療を受けるまでの間に行われる応急手当が適正であれば、生命を救うことができ、疼痛や障害の程度を軽減し、その後の回復や治癒を早めることもできます。子どもの状態の変化は早いので、急激に悪化しやすいですが、回復も早いのです。幼児のケガや急病への的確な判断による応急処置と、医療機関の受診の判断ができることは重要です。①あわてずに、対処しましょう。②子どもを観察し、話しかけ、触れてみて、局所だけでなく、全身状態を観察します。③生命の危険な兆候をとらえます。心臓停止（脈が触れない）、呼吸停止（胸やお腹が動かない、または、口のそばに手を当てても暖かい息を感じない）、大出血、誤嚥（気管にな

にかを詰まらせる）のときは、危険をともなうので、救急車を呼ぶと同時に、直ちに救命処置を行います。④２人以上で対処します。状態の確認や処置の判断、救急車の手配、他の子どもへの対処が必要になります。まわりにいる子どもに、他の指導者を呼んできてもらいます。⑤子どもを安心させます。子どもは、苦痛や処置に対する恐怖心を抱き、精神状態が不安定になりやすいものです。指導者は、子ども本人にも、まわりの子どもに対しても、あわてないで、落ち着いた態度で対応し、信頼感を得るようにします。子どもの目線と同じ高さで、わかりやすい優しい言葉で、静かに話しかけ、安心させます。また、ケガをした子どものそばを離れないようにします。子どもは不安な気持ちでいっぱいです。信頼できる大人がそばにいることで、子どもの不安を最小限にします。⑥医療機関への受診が必要な場合は、必ず保護者に連絡します。

Ｑ：頭部打撲の応急処置の方法について教えてください。

Ａ：頭を打ったあとで、顔色が悪い、嘔吐がある、体動が少なく、ボーッとして名前を呼んでも反応がない、明らかな意識障害やけいれんをきたす場合は、すぐに脳神経外科を受診させます。打った直後に症状がなくても、２〜３日後に頭痛や吐き気、嘔吐、けいれん等の症状が現われる場合があるので、しばらくの間は静かに休ませます。また、保護者には、２〜３日は注意深く観察する必要があることを説明します。

Ｑ：外傷の応急処置の方法について教えてください。

Ａ：切り傷やすり傷の場合には、傷口を水道水でよく洗います。汚れや雑菌が傷口に残ると、炎症をおこします。流水で十分洗い流した後に救急絆創膏をはり、傷口からの感染を防ぐようにします。傷が深い場合や釘やガラス等が刺さった場合は、皮膚の中に汚れやサビ、ガラス片などが残り、感染を引き起こすことがあるので、受傷した直後は血液を押し出すようにして洗い流し、清潔なガーゼを当てて止血します。外科受診を勧めます。出血している場合は、傷口を清潔なガーゼかハンカチで押さえて強く圧迫します。出血部位を、心臓より高い位置にすると、止血しやすくなります。

Q：鼻出血の急処置の方法について教えてください。

A：鼻根部にあるキーゼルバッハ部位（鼻の奥にある網の目のように細い血管が集まっている部位）は、毛細血管が多く、一度出血した部分は血管が弱くなり、再出血しやすくなります。そのため、ぶつけたときだけでなく、興奮した場合や運動したときに、突然、出血することがあります。座らせて少し前かがみにし、鼻にガーゼを当て、口で息をするように説明して、鼻翼部（鼻の硬い部分のすぐ下）を強く押さえます。血液が口の中に流れ込んできたら、飲み込まずに吐き出させます。血液を飲み込むと、胃にたまって吐き気を誘発するので飲み込まないように説明します。10分くらい押さえ続けてから、止血を確認します。止血していなかったら、再度、圧迫します。脱脂綿のタンポンを詰める場合には、あまり奥まで入れないように気をつけます。ときに、取り出せなくなることがあるので、ガーゼや鼻出血用のタンポンを使うとよいでしょう。子どもには、止血した後は、鼻を強くかまないように、また、脱脂綿を鼻の中まで入れないように説明します。

Q：つき指と捻挫の応急処置の方法について教えてください。

A：強い外力や急激な運動によって、組織が過伸展し、骨や関節周囲の靭帯や、筋肉や腱などが損傷を起こした状態です。つき指は、手指の腱が断裂した状態であり、足首の捻挫は、足首の骨をつないでいる靭帯の断裂です。受傷直後は、"RICE"にそって処置しましょう。

R（Rest）；安静にする

I（Ice）；氷や氷嚢で冷やす

C（Compress）；圧迫固定する

E（Elevate）；損傷部位を挙上する

つき指は、引っ張ってはいけません。動かさないようにして、流水、または、氷水で冷やしたタオルを3〜4分おきに絞りなおして指を冷やします。痛みがひいてきて、腫れがひどくならないようなら、指に市販の冷湿布をはり包帯で巻いて固定します。その日は、指を安静に保ちます。腫れが強くなったり、強い痛みが続いたりしたときは、病院を受診します。指は軽く曲げたまま

で、指のカーブにそって、ガーゼやハンカチをたたんだものを当てて固定します。

　足関節の痛みの場合は、座らせて、足先を挙げ、支えて固定して受診します。損傷部への血流を減らし、氷水やアイスパックで冷やすことにより、内出血を抑え、腫脹や疼痛を軽減させることができます。損傷した部位の関節を中心に包帯を巻いて固定し、挙上して様子をみます。腫れがひどくなる場合や、痛みが強く、持続する場合には、骨折の可能性もあるので、整形外科を受診するように勧めます。

Q：脱臼の応急処置の方法について教えてください。

A：関節が異常な方向へねじる強い外力を受け、骨が異常な位置に転移した状態であり、強い痛みを伴います。子どもでは、肘、手首、肩の関節で起こりやすいです。脱臼した骨を関節に戻そうとしてはいけません。関節のまわりの靱帯や血管、神経を損傷してしまうことがあります。まわりが危険でなければ、できるだけその場で、脱臼した部位を身体に固定して、動かないようにします。固定する位置は、本人が一番痛くない位置で固定します。上肢の関節（肘や肩）の痛みを訴える場合は、本人が一番痛くない角度で、腕を身体の前にもってきます。腕と胸の間に三角巾をおき、腕と胸の間にタオル等のやわらかいものをはさんで、三角巾で腕とタオルをつります。さらに、腕と三角巾のまわりを幅の広い包帯または三角巾で巻いて、腕を身体に固定したまま病院に連れて行きます。

Q：骨折の応急処置の方法について教えてください。

A：外力によって、骨の連続性をたたれた状態です。完全な骨折と、たわんだり、ひびが入ったりしただけの場合（不全骨折）とがあり、不全骨折の場合は、レントゲンをとってもわからない場合があります。子どもの骨は発育途上にあるので、まだ十分にカルシウムが沈着していないため、大人のように硬くなっていません。そのため、子どもの場合は、不全骨折が多くなります。子どもの骨折は、修復するのが早く、不全骨折でも元通りに治癒する場合もありま

す。しかし、骨折部位がずれたり、ゆがんだりしたまま修復した場合、変形や機能障害を起こすことがあります。痛みが強いときや、腫れや内出血が強い場合は、病院に行って、骨折であるかどうかを診断してもらうことが必要です。骨折を疑うような強い痛みを訴えるときは、骨折部を動かさないようにします。骨折部を動かすと、血管や神経を損傷するので、そのままの形で固定します。出血と腫れを最小限にするために、骨折した部位は下に下げないで、挙上します。上肢の骨折が疑われる場合は、脱臼時と同様に、腕を上半身に固定します。下肢の場合は、足をまっすぐに伸ばし、健足を添え木として患足を固定します。両足の間にタオルや衣類などをはさんで、三角巾で、①足首、②足の甲、③ひざの上、④ひざの下を縛って固定します。腫れている部分は、しばらないようにします。結び目は、健足の上になるようにしてしっかり結びます。足の下に座布団をおいて患足を挙上し、病院に運びます。

Q：幼児期の子どもにとって必要な運動の内容や程度を教えてください。
A：運動には、からだ動かし〜運動あそび〜大筋肉活動に至るまで幅広く含まれます。それらの運動を使って、子どもたちの健全育成を図ることが、育児、保育、教育として大切です。また、成長期には、一生涯の健康を支えるための体力を養うという運動の役割もあります。よって、体力づくりを持続させるための興味づくりを工夫する必要もでてきます。さらに、子どもたちには、自己の生活の中で、運動を用いた健康の原理を適用できるようにもさせたいものです。つまり、運動が果たす役割は大きいということです。そこで、近年の幼児のからだや生活実態と照らし合わせてみて、大切な運動の内容についてお話をします。

　今、不足しているのは、逆さ感覚や回転感覚を育てる倒立や回転運動、反射能力やバランスを保ちながら危険を回避する鬼あそびやボール運動、空間認知能力を育てる「這う」「くぐる」「まわる」「登る」等の運動の機会であり、それらの運動の経験の場を積極的に設けてあげたいものです。また、自律神経を鍛え、五感を育み、身体機能を促進する戸外での運動やあそびも、ぜひとも大切にしてもらいたいと願います。成長期に必要な運動とは、運動不足やスト

レスの解消だけでなく、成長期の子どもにとっては、機敏さや瞬発力、リズム感、巧緻性、柔軟性、平衡性などの体力の向上をねらえる運動がよいでしょう。

　また、運動能力を高めるためには、幼児期から4つの基本の運動スキルを、バランスよく身につけさせたいと考えます。それらは、①移動系運動スキル：歩く、走る、這う、跳ぶ、スキップする、泳ぐ等、ある場所から他の場所へ移動する技術、②平衡系運動スキル：バランスをとる、渡る等、姿勢の安定を保つスキル、③操作系運動スキル：投げる、蹴る、打つ、取る等、物に働きかけたり、操ったりする動きの技術、④非移動系運動スキル（その場での運動スキル）：その場で、押したり、引いたり、ぶらさがったりする技術です。どの程度、行ったらよいかにつきましては、安全な架空の緊急事態のある環境下で、「必死に動く」、そして、「心臓や肺臓が、ドキドキ、スースー・ハーハーする」ぐらい、要は「汗をしっかりかくくらい」の運動が、自律神経の働きを高める目安になるため、おすすめです。例として、鬼ごっこや、しっぽ取り競争、ドッジボール等で味わえる運動負荷が求められます。

Q：外あそびの魅力は何か、教えてください。

A：忘れてはならない「外あそび」の魅力について、お話をさせていただきます。外あそびに興じることによって、子どもたちは、からだの発達と知的・精神的発達に伴って、あそびのルールや創造する力を生み、集団活動に適応できるようになっていきます。そして、他者とのかかわりの中で、新しい自己の目標を設定して、挑戦していきます。あそびは強制されてするものではないため、外に出てよく遊ぶ子は、それだけ自ら進んで遊び、あそびの中で、何らかの課題を見つけて自分から進んで解決していこうとする態度を身につけていきます。このように、自分で考えて自分で決めていく創造の力は、次の課題を発展させます。つまり、子どもたちは、自発性をフルに発揮させる行為を積み重ねており、この繰り返しで成長していくのです。

　今日の子どもたちの生活状態を考えてみると、もっと「からだづくり」のことを考えていかねばならないと感じます。とくに、健康的な生活を送るため

に必要な体力や基本運動スキルを、外あそびのくり返しで身につける中で、五感のトレーニングを重視し、危険を予知する能力を養うからだづくりが必要です。そのためには、子どもたちに、もっと戸外での運動を奨励し、自然の中や太陽光の下で、適応力や抵抗力、空間認知能力、安全能力を身につけさせ、あわせて、多くの仲間とかかわり合いながら、しっかり運動することと、集団で動く楽しさを経験させてあげていただきたいのです。つまり、外あそびの経験の拡大とともに、オートマチックにからだを守り、意欲を出させてくれる自律神経の働きを良くしていくことが大切です。もちろん、子どもの体調を見きわめて、展開することを基本にしますが、実際には、子どもが戸外で運動することを好きになり、いろいろな種類の運動に抵抗なく取り組もうとする意欲づくりと、思いきりからだを動かす喜びや、力いっぱいからだを動かした後の爽快感のわかる子、感動できる子に育てていただきたいのです。とくに、幼少児の運動実践では、運動技能の向上を主目的とするのではなく、外あそび場面での動き（運動）を通して、どのような気持ちを体験したのかを優先してほしいのです。楽しい、嬉しい、すごい、悔しい等といった、感動する心がもてる豊かな人間性を育てたいものです。そのためには、何か一つでも、子どもが１人でできたときの喜びを大切にしていく配慮が必要です。そういう大人たちの配慮と、子どもたち自らの経験があると、子どもたちはそれらの体験を機会に、積極的に戸外で遊び込み、課題に取り組んでいこうとするようになるはずです。つまり、外あそびをすることで、体力や運動能力の向上だけを望むのではなく、「がんばってできるようになった」という達成感や満足感を自信につなげていくような「感動体験の場」をもたせることを大切にしたいと考えます。

Q：生活習慣を整えていく方法として、外あそびは役に立つの？

A：生活習慣を整えていくには、１日の生活の中で、一度は運動エネルギーを発散し、情緒の解放を図る機会や場を与えることの重要性を見逃してはならない。そのためにも、幼児期には、日中の**外あそび**が非常に大切となる。**外あそび**というものは、体力づくりはもちろん、基礎代謝の向上や体温調節、あるいは脳・神経系の働きに重要な役割を担っている。園や地域において、時がたつ

のを忘れて、外あそびに熱中できる環境を保障していくことで、生活習慣とそのリズムが整い、子どもたちは安心して成長していける。

Q：生活リズムを改善する方法は

A：生活リズムの改善には、「早寝・早起き」が基本となる。夜型化した子どもの起床や朝食開始の時刻の遅れを防止する具体策は、就寝時刻を現状よりも1時間ほど早めることである。これによって、充実した毎日の生活を体験させるために必須の条件である朝食の摂取と朝の排便が可能となり、登園後の生活の中で、子どもたちは情緒の安定と対人関係の充実をより一層図っていくことができるようになる。

　つまり、就寝時刻を早めるためには、「子どもたちの生活の中に、太陽の下での外あそびを積極的に取り入れること」、とくに、「午後の外あそび時間を増やして運動量を増加させ、心地よい疲れを誘発させること」、「調理時間の短縮や買い物の効率化などを工夫し、夕食の遅れを少しでも早めること」、そして、「テレビ・ビデオ視聴時間を努めて短くして、だらだらと遅くまでテレビやビデオを見せないこと」が有効と考える。ただし、メディア利用の仕方の工夫に力を入れるだけでは、根本的な解決にはならない。つまり、幼少年期より、「テレビやビデオ、ゲーム等のおもしろさ」に負けない「人と関わる外動あそびやスポーツの楽しさ」を、子どもたちにしっかり味わわせていかねばならない。

Q：低体温のからだへの影響は

A：朝、起きて体温が低いということは、からだが起きている状態ではないということ、脳も覚醒していない状態で活動をしなければならないということである。したがって、いろいろな活動をしても、無気力でやる気が出ず、実際に覚えきれなかったり、やりきれなかったりする。ウォーミングアップができていないということである。あわせて、朝食の欠食をし、日中に運動が足りないと、産熱や放熱の経験が少なくなり、自律神経が鍛えられず、体温は適切にコントロールされなくなって、夜の眠りも浅くなる。

　子どもたちの生活リズム上の問題点を改善し、自律神経の働きを良くするには、「就寝時刻を早めること」だが、そのためには、まずは、朝食を食べさせて、日中のあそびや運動体験の機会をしっかりもたせることである。

　中でも、日中、太陽の下で外あそびを積極的に取り入れることは、子どもたちの体温を上げたり、汗をかいて放熱したりする経験を十分にもたせてくれ、自律神経の働きをいっそう高めてくれる。とくに、「午後の外あそび時間を増やして運動量を増加させ、心地よい疲れを誘発させること」、そして、「だらだらと遅くまでテレビやビデオを見せず、健康的な視聴をさせるよう心がけること」が、生活リズム向上のためには、極めて有効と考える。

Q：脳や自律神経を鍛える方法は

A：子どもたちの脳や自律神経がしっかり働くようにするためには、まずは、子どもにとっての基本的な生活習慣（睡眠・食事・運動の習慣）を、大人たちが大切にしていくことが基本である。中でも、自律神経の働きを、より高めていくためには、①室内から戸外に出て、外あそびに興じ、いろいろな環境温度に対する適応力や対応力をつけさせること、②安全なあそび場で、必死に動いたり、対応したりする運動あそびをしっかり経験させること、つまり、安全ながらも架空の緊急事態の中で、必死感のある経験をさせることが必要である。具体的な運動例をあげるならば、鬼ごっこや転がしドッジボール等の必死に行う集団的な外あそびが有効である。③運動（筋肉活動）を通して、血液循環が良くなって産熱をしたり（体温を上げる）、汗をかいて放熱したり（体温を下げる）して、体温調節機能を活性化させる取り組みが必要である。

Q：「食べて、動いて、よく寝よう！」運動とは何か

A：今日では、夜型化した大人社会の影響を受け、子どもたちの生体のリズムは狂いを生じている。不規則な生活になると、カーッとなったり、イライラして集中力が欠如し、対人関係に問題を生じて、気力が感じられなくなったりしている。生活リズムの崩れは、子どもたちのからだを壊し、それが、心の問題にまで影響を与えている。それらの問題の改善には、ズバリ言って、大人たち

がもっと真剣に「乳幼児期からの子ども本来の生活」を大切にしていくことが
必要である。

(1) 夜型の生活を送らせていては、子どもたちが朝から眠気やだるさを訴える
　　のは当然。

(2) 睡眠不足だと、注意集中ができず、また、朝食を欠食させているとイライ
　　ラ感が高まるのは当たり前。授業中にじっとしていられず、歩き回って
　　も仕方がない。

(3) 幼いときから、保護者から離れての生活が多いと、愛情に飢えるのもわ
　　かるが、親の方も、子どもから離れすぎると、愛情が維持できなくなり、
　　子をいとおしく思えなくなっていく。

(4) 便利さや時間の効率性を重視するあまり、徒歩通園から車通園に変え、
　　親子のふれあいや歩くという運動量確保の時間が減っていき、コミュニ
　　ケーションがとれなくなり、体力低下や外界環境に対する適応力が低下
　　していく。

(5) テレビやビデオの使いすぎも、対人関係能力や言葉の発達を遅らせ、コ
　　ミュニケーションのとれない子どもにしていく。とくに、午後の運動あ
　　そびの減少、地域の異年齢児によるたまり場あそびの崩壊、ゲームの過
　　度な実施やテレビ視聴の激増が生活リズムの調整をできなくしている。

　それらの点を改善していかないと、子どもたちの学力向上や体力強化は図
れないし、キレる子どもや問題行動をとる子どもが現れても不思議ではない。
ここは、腰を据えて、乳幼児期からの生活習慣を健康的に整えていかねばなら
ない。

　要は、①朝、食べること、②日中、動くこと、**外あそび**をすること、③夜
は、心地よく疲れて、早く寝ることが大切なのであり、「食べて、動いて、よ
く寝よう！」なのである。この健康づくりのためのスローガンは、今日では、
全国的な動きに発展してきた。

Q：1点突破・全面改善とは
A：生活は、1日のサイクルでつながっているので、生活習慣（生活時間）の

１つが悪くなると、他の生活時間もどんどん崩れていく。逆に、生活習慣（時間）の１つが改善できると、次第にほかのことも良くなっていくという意味。

　したがって、日中、太陽の出ている時間帯に、しっかりからだを動かして遊んだり、運動をしたりすると、お腹がすき、夕飯が早くほしいし、心地よく疲れて早めの就寝へと向かうことができる。早く寝ると、翌朝、早く起きることが可能となり、続いて、朝食の開始や登園時刻も早くなる。朝ごはんをしっかり食べる時間があるため、エネルギーも得て、さらに体温も高めてウォーミングアップした状態で、日中の活動が開始できるようになり、良い循環となる。

　生活を整えようと思うと、朝の光刺激と、何よりも日中の運動あそびでの切り込みは、極めて有効である。問題改善の目標を１つに絞り、あきらめないで１つずつ改善に向けて取り組んでいくことを、１点突破と呼ぶ。そこから良い連鎖を生じて、全体も必ずよくなっていくことは、全面改善。「１点突破、全面改善」を合言葉に、がんばっていこう。

Q：熱中症と日射病、熱射病との関係を教えてください。

A：熱中症は、体内温度が異常に上がって起こる身体の異常症状のこと。運動時は、発汗が多く、顔面が紅潮し、脈拍が増加してくる。幼児は、体温調節機能が未熟で、体内の水分割合が高いため、発汗により、脱水を起こしやすい特徴がある。

　日射病は、長時間、屋外にいた場合や、屋外での運動時に、頭や頚の後ろに直射日光を受けることにより起こる。一方、熱射病は、高温多湿の室内に長時間いた場合や、室内で運動したときに起こる。環境条件は異なるが、日射病や熱射病に共通して起こる身体の異常症状を熱中症という。

　ふらつく、ボーッとしている等の様子がみられたら、風通しがよく、暑くないところ（木陰やクーラーのある部屋）に運び、衣類をゆるめ、水平位、または、上半身をやや高めに寝かせる。体温が高いときは、冷たい水で全身の皮膚を拭いたり、水枕で頭を冷やしたりする。嘔吐やけいれんがなく、意識がはっきりしているときは、２倍以上に薄めたイオン水、または、水や麦茶、薄

い食塩水などを飲ませる。水分は、体温に近い温度の方が、身体への負担が少なく、体内に吸収されやすいので、常温か、ぬるめのものが望まましい。

【文献】

1)　前橋　明：新型コロナ（COVID –19）対応　家庭での子どもの過ごし方　幼児体育学研究 12（1），pp.1-4，2020.

2)　前橋　明：子どものコロナ対策，幼児体育学研究 12（1）、pp.5-6，2020.

3)　前橋　明：新型コロナウイルス感染症に伴う公園利用について，幼児体育学研究 12（1），pp.7-9，2020.

おわりに

　本書を通じて、外あそびを推進する指導者や研究者、子ども支援に関心のある皆様に役立つ情報を提供することを目的としています。外あそびや運動指導、健康づくりに関する基本用語を丁寧に解説し、共通理解を促進することを重視しています。保育や教育、体育、レクリエーションの指導者だけでなく、外あそびに興味をもつ方や学生、ボランティアの皆様にも利用価値がある内容となっています。

　また、現代社会の夜型化や外出制限による影響、運動不足や静的な活動の増加による健康への悪影響にも触れ、外あそびが健康づくりに与える重要性を強調しています。外あそびの減少が、子どもたちの体力低下や視力低下につながる可能性に言及し、外でのあそびが健康に良い影響を与えることを示唆しています。

　さらに、外あそびの重要性を理解し、その推進者となる方々が増えることを期待しています。外あそびは、子どもたちの健康と発達に不可欠であり、その理解を深めることで、保護者や保育者、教育者、地域のリーダーが一丸となって外あそびの機会を増やし、支援することが求められます。子どもたちが自然とふれ合い、遊びながら学び、成長するためには、私たち全員が協力して外あそびを大切にし、その環境を整えることが必要です。

　最後に、安全に外あそびを経験させることが重要であり、子どもたちの健康と成長を支えるために共同の努力が求められています。これからも、外あそびを通じて得られる感動体験が、子どもたちの自立的な成長に貢献し、また社会全体が協力し合って環境を整えていくことが期待されます。

　2024 年 5 月

認定こども園 文の里幼稚園 副園長　野村卓哉

（早稲田大学大学院）

索　引

■ あ ■

アーバンスポーツ　*14*

愛着　*15*

空き地　*15*

アスファルト　*15*

汗　*15*

あそび　*15*

安全能力　*16*

■ い ■

石投げ　*16*

石拾い　*16*

一輪車　*16*

異年齢交流　*17*

意欲　*17*

医療的ケア児　*17*

色鬼　*18*

いろはにこんぺいとう　*18*

インクルーシブ　*18*

■ う ■

馬とび　*18*

うんてい　*18*

運動あそび　*18*

運動学習適時性　*18*

運動感覚　*19*

運動着　*19*

運動靴　*19*

運動公園　*19*

運動効果　*19*

運動場　*20*

運動スキル　*20*

運動能力　*20*

運動の役割　*21*

運動不足　*21*

海　*21*

■ え ■

ST マーク　*21*

ST 基準　*22*

S 陣　*22*

SPL マーク　*22*

SP マーク　*22*

エミール　*23*

園庭　*23*

園庭開放　*24*

■ お ■

応急処置　*24*

王様（女王様）ジャンケンあそび　*24*

大波小波　*25*

大縄とび　*25*

遅寝遅起きの体温リズム　*25*

鬼あそび　*25*

鬼ごっこ　*26*

おむつ替え台　*26*

親子ふれあい体操　*26*

オリエンテーリング　*26*

■ か ■

ガーデニング　*26*

街区公園　*27*

海水浴　*27*

階段ジャンケンあそび　*27*

回転ジャングルジム　*27*

カウプ指数　*27*

かくれんぼ　27
学童保育　28
学童保育指導員　28
かけっこ　28
影　29
影ふみ　29
かごめかごめ　29
かたき　29
カヌー　29
紙飛行機　30
川　30
川あそび　30
簡易ゲーム　30
感覚統合　30
缶けり　30

■ き ■
季節のあそび　31
キックスケーター　31
キックベース　32
機能訓練　32
木登り　32
騎馬戦　32
基本運動　32
基本運動スキル　32
キャスターボード　33
キャッチボール　33
ギャングエイジ　33
キャンプ　33
キャンプファイヤー　34
協応性　34
教具　34
教材　34
協同的あそび　34
筋力　34

近隣公園　35

■ く ■
空間認知能力　35
クオリティ・オブ・ライフ　35
草花あそび　35
草笛　35
くつかくし　36
靴とばし　36
屈伸　36
グラススキー　36

■ け ■
ケイドロ（警察と泥棒）　36
ケースワーク　37
健康　37
健康・体力づくり　37
健康日本21　37
健全育成活動　38

■ こ ■
公園　38
公園遊具　38
光化学スモッグ　38
厚生　38
高体温　39
巧緻性　39
校庭開放　39
行動体力　39
ゴールデンタイム　39
氷鬼　39
呼吸　40
午後あそび　40
午睡　40
子育てサークル　40

子育て支援センター　40
ごっこあそび　41
骨折　41
骨折の処置　42
固定遊具　42
子ども・子育て支援新制度　42
子どもに適したあそび場　43
子どものあそびのリズム　43
子どものあそび場　43
子どもの健全な成長のための外あそび推進
　　に向けた提言書　44
子どもの権利条約　44
子どもの人権オンブズマン　44
子ども110番の家　45
子とろ子とろ　45
木の葉集め　45
ゴムチップ　45
ゴム跳び　45
5領域　46
昆虫採集　46

■ さ ■
サーカディアンリズム（概日リズム）　46
サーカニュアルリズム　46
サイクリング　47
ザイルクライミング　47
サステナビリティ　47
サッカー　47
里山　47
3033運動　48
三間（サンマ）　48
三輪車　49

■ し ■
シーソー　49

紫外線　49
持久力　49
自己肯定感　50
自己有能感　50
施策　50
姿勢教育　50
姿勢の矯正　50
自然観察　50
自然公園法　51
自然体験　51
肢体不自由児　51
肢体不自由児施設　51
しっぽ取り　52
しっぽふみ　52
指定管理者制度　52
児童　52
児童委員　52
児童家庭福祉　52
児童館　52
児童館ガイドライン　53
児童館の設置運営要綱　53
児童虐待　53
児童憲章　53
児童権利宣言　53
児童厚生員　54
児童厚生施設　54
児童指導員　54
児童自立支援施設　54
児童自立支援専門員・児童生活支援員　54
児童相談所　54
児童発達支援センター　55
児童福祉法　55
児童遊園　55
児童養護施設　55
自閉症　55

社会性　*56*

じゃぶじゃぶ池　*56*

ジャングルジム　*56*

ジャンケンあそび　*57*

ジャンケンおいで　*57*

ジャンケン列車　*57*

住区基幹公園　*57*

集団あそび　*58*

重症心身障がい児　*58*

重度障がい児　*58*

柔軟性　*58*

10 の姿　*58*

瞬発力　*59*

障がい児　*59*

障害児入所施設　*59*

松果体ホルモン　*59*

少子化　*59*

情緒　*60*

小児生活習慣病　*60*

情緒障害／情緒障がい児　*60*

触刺激のあそび　*60*

助産施設　*61*

自律神経　*61*

心育　*61*

身体活動の効果　*61*

身体認識力　*62*

新体力テスト　*62*

心動　*62*

陣とり　*62*

新・放課後子ども総合プラン　*62*

■ す ■

随意運動　*63*

水分摂取（熱中症予防）　*63*

睡眠と活動のリズム　*63*

スキー　*64*

スキップ　*64*

スクールソーシャルワーカー　*64*

スケートボード　*64*

健やか親子 21　*64*

スタートカリキュラム　*64*

ストリートカルチャー　*64*

ストリートダンス　*65*

ストレス　*65*

砂浜　*65*

砂場　*65*

スノーボード　*66*

スピード　*66*

スプリング遊具　*66*

すべり台　*66*

スラックライン　*67*

■ せ ■

生活習慣病　*67*

生活リズム　*67*

生物時計　*67*

生体リズム　*68*

成長発達　*68*

セラピスト　*68*

セロトニン　*68*

センス・オブ・ワンダー　*69*

■ そ ■

総合公園　*69*

ソーシャルワーク　*69*

外あそび推進　*69*

外あそび推進の考え方　*69*

外あそびの効能　*70*

そりあそび　*70*

■　た　■

ターザンロープ　70

体温異常　70

体温測定　70

体温調節　71

体温リズム　71

体調確認　71

太陽　71

体力　71

たか鬼　72

高這い　72

宝取り　72

竹馬　72

凧揚げ　72

助け鬼　72

WBGT　73

多文化共生　73

多目的トイレ　73

だるまさんが転んだ　73

探索活動　74

■　ち　■

地域子育て支援センター　74

地区公園　74

知覚運動スキル　74

知的障がい児　74

知的障がい児施設　75

知的発達　75

注意欠陥多動性障害（ADHD）　75

調整力　75

■　つ　■

築山　75

伝い歩き　76

土　76

土ダンゴづくり　76

釣り　76

ツリーハウス　76

■　て　■

手あそび　76

手洗い　76

低体温　77

デイケア　77

ティーボール　77

手押し相撲　77

手つなぎ鬼　77

鉄棒　77

伝承あそび　78

テント　78

田楽　78

■　と　■

トイレ用ベビーチェア　78

統合保育　78

道路　78

とおりゃんせ　78

ドーンジャンケン　79

登山　79

都市基幹公園　79

都市公園法　79

都市緑地法　79

ドッジボール　80

ドッヂビー　80

徒歩通園　80

トラウマ　80

トレジャーハント　80

トレッキング　81

泥あそび　81

泥団子あそび　81

トンネル　81

■ な ■
縄跳び　81

■ に ■
にがり　82
日内変動　82
日周リズム　82
乳児　82
乳児院　82
乳児の運動機能発達　82
人間形成　83
認知スキル　83

■ ぬ ■
ぬきておよぎ　83

■ ね ■
ねこぐるま　83
熱中症　83
熱中症警戒アラート　83
ネットクライマー　84

■ の ■
野あそび　84
脳内ホルモン　84
登り棒（はん登棒）　84

■ は ■
パークマネジメント　84
Park-PFI　85
バードウォッチング　85
バイオレットライト　85
ハイキング　85

廃用性萎縮　85
ハザード　85
バスケットボール　86
8の字縄引き　86
発育　86
発達　86
はないちもんめ　86
バナナ鬼　87
羽根つき　87
腹這い　87
バランス運動　87

■ ひ ■
BMI　87
ピクニック　88
一人あそび　88
ひとり親家庭　88
非認知スキル　88
肥満　88
肥満とやせ　88
病児保育　89
敏捷性　89

■ ふ ■
ファミリーサポートセンター事業　89
フィールド・アスレチック　89
ブーメラン　90
フープ　90
風流　90
部活動の地域移行　90
ふやし鬼　91
冬の運動の意義　91
フライングディスク　91
ブランコ　91
ふれあい体操　92

ブレイキン　92
プレイセラピー（遊戯療法）　92
プレイパーク　92
プレイリーダー　93

■ へ ■
平均台　93
平行あそび　93
ペグ　93
へらし鬼　93
ヘルスプロモーション　94

■ ほ ■
保育　94
保育教諭　94
保育士　94
保育指針　94
保育所　95
放課後児童クラブ運営指針　95
放課後子ども教室　95
放課後子ども教室推進事業　96
傍観的行動　96
冒険あそび場　96
ボール　97
ボールあそび　97
保健所　97
保健センター　97
星空観察　97
母子家庭　97
母子推進委員　98
母子生活支援施設　98
歩数　98
母性行動（愛）　98
ホッピング　98
盆踊り　99

■ ま ■
マスク着用　99
間（ま）抜け現象　99

■ み ■
水あそび　100
湖　100
水たまり　100
水鉄砲　100
道あそび　100
脈拍　101

■ む ■
虫捕り　101
群れあそび　101

■ め ■
迷路あそび　102
めちゃぶつけ　102
メラトニン　102
メンコ　102

■ も ■
モニュメント遊具　102
モルック　102
文部科学白書　103

■ や ■
野外教育　103
野外ステージ／野外劇場　103
野球　104
山登り　104

■ ゆ ■
遊戯室　104

郵便屋さん *104*

雪合戦 *104*

雪だるまづくり *104*

ユニバーサルデザイン *105*

■ よ ■

幼児期 *105*

幼児期運動指針 *105*

幼児の神経機能 *105*

幼稚園 *105*

幼稚園教育要領 *106*

幼稚園教諭 *106*

幼保連携型認定こども園 *106*

幼保連携型認定こども園教育・保育要領
　　106

四つ這い *107*

■ ら ■

ライン引き *107*

ランドスケープ・デザイン *107*

ランニングバイク *107*

■ り ■

リズムあそび *107*

リズム体操 *108*

流木アート *108*

療育 *108*

■ れ ■

レースあそび *108*

レジャー *108*

レクリエーション *108*

連合的あそび *108*

■ ろ ■

ローラースケート *109*

ローレル指数 *109*

ろく虫 *109*

路地 *109*

ロッキング遊具 *109*

■ わ ■

ワクワクあそび *109*

わらべうた *110*

執筆者一覧

前橋　明
　　早稲田大学 教授・医学博士

野村卓哉
　　文の里幼稚園 副園長／早稲田大学大学院

門倉洋輔
　　小田原短期大学 専任講師

廣瀬　団
　　東北生活文化大学短期大学部 准教授

佐々木幸枝
　　宗教法人法泉寺 法泉寺保育園 園長

石川基子
　　特定非営利活動法人 向あそび場計画 代表理事

竹田昌平
　　特定非営利活動法人三重県生涯スポーツ協会 理事長

照屋真紀
　　沖縄女子短期大学 助教

山梨みほ
　　昭和女子大学 准教授

倉上千恵
　　MITTE KIDS 代表

対馬広一
　　株式会社Team Big Smiles指導員／文の里幼稚園 運動あそび担当

板口真吾
　　小平市立小平第十二小学校 主任教諭

菊地貴志
　　国際幼児健康デザイン研究所 指導主任

■編著者紹介

前橋 明（まえはし あきら）

現　職　早稲田大学 人間科学学術院 教授／医学博士
学　位　1978 年　米国ミズーリー大学大学院：修士（教育学）、
　　　　1996 年　岡山大学医学部：博士（医学）
教育実績（経歴）
　　倉敷市立短期大学教授、米国ミズーリー大学客員研究員、米国バーモント
　　大学客員教授、米国ノーウィッジ大学客員教授、米国セントマイケル大学
　　客員教授、台湾国立体育大学客座教授を経て、現職
活動実績（社会的活動および所属、学会等の所属）
　1）社会的活動
　　　一般社団法人 国際幼児体育学会会長、一般社団法人 国際ウエイトコント
　　　ロール学会会長、日本レジャー・レクリエーション学会理事長・会長（2014.4
　　　～ 2023.3）、一般社団法人 国際幼児健康デザイン研究所顧問、一般社団法
　　　人 日中児童健康 Lab 顧問、インターナショナルすこやかキッズ支援ネッ
　　　トワーク代表、子どもの健全な成長のための外あそびを推進する会代表、
　　　日本食育学術会議会頭、日本学術振興会科学研究費委員会専門委員（2009.12
　　　～ 2017.11）、日本幼少児健康教育学会理事長（1982.10 ～ 2014.3）、日本幼
　　　児体育学会理事長・会長・名誉会員（2005.8 ～ 2023.9）
　2）受　賞
　　　1992 年　米国ミズーリー州カンサスシティー名誉市民賞受賞
　　　1998 年　日本保育学会研究奨励賞受賞
　　　2002 年　日本幼少児健康教育学会学会功労賞受賞
　　　2008 年　日本幼少児健康教育学会優秀論文賞受賞
　　　2008 年　日本保育園保健学会保育保健賞受賞
　　　2016 年　第 10 回キッズデザイン賞受賞
　　　2017 年　（中華民国 106 年）新北市政府感謝状受賞
　　　2022 年　日本幼児体育学会　学会功労者賞
　　　2023 年　早稲田大学功労表彰
　　　2024 年　（中華民国 113 年）新北市政府教育局感謝状受賞

外あそび用語集
― 子どもたちの健全な育ちを願って ―

2024 年 6 月 10 日　初版第 1 刷発行

■編 著 者 ── 前橋　明
■発 行 者 ── 佐藤　守
■発 行 所 ── 株式会社 大学教育出版
　　　　　　　〒 700-0953　岡山市南区西市 855-4
　　　　　　　電話 (086) 244-1268 (代)　FAX (086) 246-0294
■印刷製本 ── モリモト印刷㈱
■Ｄ Ｔ Ｐ ── 林　雅子

ISBN978-4-86692-304-8

外あそびのススメ － ぼくも遊びたい、わたしも入れて!! －

前橋 明 編著　　ISBN:978-4-86692-221-8
定価:本体1,800円+税　四六判 208頁　　2022年9月発行

今日の日本は、子どもたちの外あそびは激減し、体力低下や肥満増加、視力低下の問題だけでなく、心の健康問題も顕在化してきています。
子どもたちの健全育成のために外あそびの重要性をわかりやすくまとめた。

◆主な目次
第1章 子どもの健全な成長のための外あそび
　　　 推進について
第2章 外あそびの魅力について考えてみよう
第3章 今、子どもたちに外あそびが必要なわけ
第4章 子どもの発育プロセスを知ろう
第5章 子どもにとっての外あそびの役割と効果
第6章 子どものどんな力が伸びるのか

第7章 外あそび推進スペシャリストの心得
　　　 －指導のポイント－
第8章 公園遊具の意義と役割および近年の
　　　 公園づくりや整備の特徴
第9章 公園遊具と安全性、遊具の定期点検
第10章 子どものケガの手当て・対応と安全
　　　 管理　他

障がい児の健康づくり支援

前橋 明 著　　ISBN:978-4-86692-258-4
定価:本体1,600円+税　A5判 144頁　　2023年8月発行

子どもたちの抱える・抱えさせられている心身や生活上の問題は、コロナ禍の影響も加わって、非常に複雑・多岐にわたり、新たな展開が迫られています。こうした社会や子どもたちの生活の背景を踏まえながら、障害をもつ子どもたちが心身ともに健康で生き生きとした暮らしが送れるように、また、友だちといっしょに社会生活をしていく上で必要なコミュニケーション能力を育て、豊かな心をもち、たくましく生きることができるようになることを目指し、その援助の仕方を解説する。

◆主な目次
第1章 障がい児の知覚・運動訓練から体育指導
第2章 障害別にみた障害の内容と発達や運動の特徴
第3章 子どもの理解と実態把握の難しさ
第4章 発達と運動、親子ふれあい体操のススメ
第5章 車イスの基本操作と介助
第6章 視覚障がい児・者の援助
第7章 子どもの運動指導上、留意すべき事項
第8章 健全な成長のための外あそび推進について
第9章 近年の子どもたちが抱える健康管理上の問題と改善策
第10章 体　　力
第11章 運動遊具・公園遊具の安全管理
第12章 幼児期の運動診断評価
第13章 ケガの手当て・対応
第14章 コロナ禍における子どもの運動あそびと、保健衛生上、注意すべきこと

幼児と健康

監修／前橋 明　編著者／門倉 洋輔　ISBN:978-4-86692-293-5
定価:本体2,200円+税　A5判 228頁　　2024年3月発行

「保育内容の指導法(健康)」および「領域(健康)に関する専門的事項」に対応したテキストである。子どもの身体の発育と心の発達をわかりやすく学べ、運動あそびの事例や指導案なども掲載し、理論・実践の両面から理解できる一冊。

◆主な目次
第1章 保育における領域「健康」の概要
第2章 子どもの健康づくりと生活リズム
第3章 幼児期の健康に関する問題
第4章 幼児期における適切なメディアとの関わり方
第5章 子どもの発育・発達
第6章 子どもの生理的機能の発達
第7章 体力・運動能力の獲得
第8章 安全の指導
第9章 0～2歳児の身辺自立と生活習慣の形成
第10章 0～2歳児のあそび
第11章 3～5歳児の身辺自立と生活習慣の獲得
第12章 3～5歳児のあそび
第13章 親子体操のすすめ
第14章 運動あそびにおける保育者の役割
第15章 運動あそびへの意欲づくり
第16章 行事と自然体験
第17章 食 育
第18章 保育計画と指導案

● お問い合わせ・ご注文先

学術教育図書出版

株式会社 大学教育出版

■本社　〒700-0953 岡山市南区西市855-4
　　　　TEL(086)244-1268(代)　FAX(086)246-0294
　　　　E-mail：info@kyoiku.co.jp
　　　　https://www.kyoiku.co.jp